Popmuziek

Notendop junior

Andere titels in de serie **Notendop junior**

Het weer – Erwin Kroll
ISBN 90 6494 062 2

Het zonnestelsel – Hans van Maanen
ISBN 90 6494 111 4

De kosmos – Margriet van der Heijden
ISBN 90 00 03560 0

De Olympische Spelen – Mart Smeets
ISBN 90 00 03587 2

Religie – Jan Greven
ISBN 90 6494 063 0

Hester Carvalho

Popmuziek

Notendop junior

Met tekeningen van Elly Hees

Van Goor

Deze publicatie kwam mede tot stand dankzij een bijdrage van Buma/Stemra

STICHTING NEDERLANDSE
KINDERJURY
2005

Eerste druk augustus 2004
Tweede druk oktober 2004

ISBN 90 00 03586 4

© 2004 voor de tekst Hester Carvalho
© 2004 voor de illustraties Elly Hees
© 2004 voor deze uitgave Van Goor, Amsterdam
Vormgeving Elly Hees
www.van-goor.nl

Inhoud

Popmuziek is overal

Popmuziek is overal. Als jij een liedje hoort van Eminem
of Metallica kun je er zeker van zijn dat ergens ter
wereld iemand anders het liedje ook hoort. Je ziet er
misschien anders uit, je spreekt een andere taal, maar
popmuziek vind je allebei leuk. Als Justin Timberlake een
concert geeft in Japan, staan er duizenden fans te
juichen. Als hij optreedt in Italië of Amerika gebeurt er
precies hetzelfde.

Overal wordt popmuziek gemaakt: van Peking tot
Zwolle, van Kaapstad tot New York. De muzikanten uit
Amerika zijn meestal het beroemdst. Dat komt doordat
popmuziek een Amerikaanse uitvinding is.
Amerikaans/Engels is dan ook de belangrijkste poptaal.
Dat kun je zien aan de hitparade. Hoe vaak staat er een
liedje in het Japans in onze Top-50?
Ook popzangers uit IJsland of Rusland, zoals Björk en
t.A.T.u, zingen in het Engels. Engels is de taal die de
meeste mensen op deze wereld verstaan, dus weet je dat
veel mensen je begrijpen.

Popliedjes kunnen over alles gaan. Over een landing op
de maan, over oorlog, over vrede, over auto's, valse
tanden, kopjes thee, roze milkshakes, gestippelde bikini's.

Je kunt het zo gek niet bedenken of er is wel een liedje
over gemaakt.
Maar er is één onderwerp waar popmuzikanten het liefst
over zingen. En dat ben jij.
Het Engelse woord voor jou is 'you', en dat is dan ook
het meest gebruikte woord in de popmuziek. Dat heeft
onderzoek bewezen. En wat komt er op de tweede plaats?
Inderdaad: ik. Oftewel 'I' in het Engels. Want jij wilt niet
alleen zijn, daar moet iemand bij. Dat ben ik. De meeste
liedjes gaan over liefde: de liefde tussen jou en mij.

Het bijzondere van popmuziek is dat het zo snel wordt
gemaakt. Iemand zingt vandaag een liedje en volgende
week ligt het al in de winkel, waar jij het kunt kopen.
Of je hoort het op de radio.
Popmuziek gaat zo snel dat het bijna een soort krant is.
Een krant om naar te luisteren. En net zoals een krant
over het nieuws schrijft, gaat ook popmuziek vaak over
dingen die net gebeurd zijn. Dat kan van alles zijn: een
zanger wordt vandaag verliefd en vertelt dat morgen in
een liedje. Of twee vliegtuigen zijn in het World Trade
Center in New York gevlogen en daar maken allerlei
mensen meteen een liedje over. Van Eminem tot Bruce
Springsteen.

Popmuziek is net chips: je hebt het in allerlei smaken.
Twee mensen kunnen zeggen dat ze van popmuziek
houden, en toch allebei iets anders bedoelen. De een
houdt van hiphop, de ander van hardrock.
Popmuziek bestaat uit stromingen, zoals punk, hiphop,
r&b en house. Die stromingen zijn ook weer verdeeld.
Neem bijvoorbeeld metal. Deze ruige muziek heeft
allerlei onderafdelingen: death metal, speed metal, heavy
metal en black metal.
En, net als met chips, komen er steeds nieuwe smaken bij.
Dat komt doordat steeds meer mensen naar muziek
luisteren. Die hebben allemaal weer net een andere
smaak. Hoe meer mensen, hoe meer muziek.

Popmuziek is meer dan mooie muziek en een goede
stem. Popmuziek is om naar te luisteren, en om naar te
kijken. Bijna iedereen die beroemd is, is dat niet alleen
om zijn mooie stem. Hij/zij heeft meestal nóg iets
bijzonders.
Denk maar aan:
- de bril van Jamai
- de tatoeages van Robbie Williams
- de navel van Shakira
- de schoenen van Missy Elliott
- de kogelgaten van 50 Cent.

Denk je aan een bepaalde popzanger, dan denk je dus niet alleen aan zijn muziek, maar ook aan dat andere dat hem bijzonder maakt. Dat gaat automatisch. Bij Mick Jagger (de zanger van The Rolling Stones) denk je aan zijn dikke lippen. Bij Jennifer Lopez aan haar billen. Bij Shakira aan haar buikdans.

Er was eens een zangeres die haar hoofd had kaalgeschoren. Ze heette Sinéad O'Connor, maar de mensen noemden haar 'de kale zangeres'. Sinéad O'Connor vond het vervelend dat ze zo werd genoemd. Ze wilde liever om haar mooie liedjes onthouden worden. Maar dat kale hoofd had haar wel heel beroemd gemaakt.
Je moet opvallen, juist omdat er zo ontzettend veel zangers, zangeressen en rappers zijn.
Dus wie van plan is om popmuzikant te worden, kan er maar beter voor zorgen dat hij iets extra's heeft. Daarom gaat dit boek niet alleen over goede zangers en leuke liedjes, maar ook over neuzen, billen, schoenen en kogelgaten.

De idolen

Bij popmuziek horen idolen. Dat zijn zangers en zangeressen die je erg goed vindt en van wie je posters boven je bed hebt hangen. Bijvoorbeeld Madonna, Jennifer Lopez, Justin Timberlake of Coldplay. Ze hebben bodyguards om zich te beschermen. Ze lopen over rode lopers en wonen in paleisachtige huizen. Als zij optreden is het meestal in een stadion voor wel vijftigduizend fans. Zij zijn de sterren.

De billen van Jennifer Lopez

Vroeger was er een filmster die Marlene Dietrich heette. Marlene was beroemd omdat ze goed kon acteren en een knap gezicht had. Maar er was nog iets: ze had mooie benen. Ze waren zo mooi dat iedereen die haar ontmoette eerst naar haar benen keek en dan pas naar haar ogen.

Marlene was dus rijk en beroemd dankzij die benen. Dat wist ze zelf ook en daarom liet ze haar benen verzekeren, zodat ze in geval van spataderen of een gebroken enkel flink wat geld zou krijgen.

Tegenwoordig hebben we ook een ster die een lichaamsdeel heeft laten verzekeren: Jennifer Lopez.

Jennifer Lopez, uit New York, heeft veel talenten. Ze begon als actrice en toen ze eenmaal beroemd was, dacht ze: ik kan wel eens gaan zingen. Dat bleek ze ook te kunnen, net als dansen en rappen.

Veel mensen vinden haar goed en mooi. Ze heeft lang bruin haar, ogen als Bambi en een gulle lach. Bovendien heeft ze perfecte billen, zegt men. Wat perfecte billen zijn? Tja, mooi rond, niet te dik, niet te dun, en ze wiebelen leuk in haar spijkerbroek.

Dat hebben wel meer mensen, maar voor Jennifer zijn die billen een van de redenen van haar succes. Ze moet er zuinig op zijn en daarom heeft ze ze voor een kapitaal laten verzekeren. Al kun je je afvragen waarom. Je kunt ze tenslotte niet breken, zoals een been.

Ook Beyoncé Knowles, beter bekend als Beyoncé, is trots op haar billen. Toen ze nog in Destiny's Child zat heeft ze er een liedje over geschreven: 'Bootylicious' (booty betekent billen en licious komt van delicious, oftewel heerlijk). Al dat gedoe over billen heeft ervoor gezorgd dat onze spijkerbroeken steeds lager komen te hangen, zodat de bilpartij beter uitkomt. Dus als je last hebt van een koude buik of rug, dan weet je: dat komt door Jennifer en Beyoncé.

De neus van Michael Jackson

De neus van Michael Jackson is een van de grootste mysteries van de popmuziek. Michael was al een beroemde zanger toen hij vijf was. Hij zong samen met zijn vier broers. Ze noemden zich The Jackson 5. Michael kon ook toen al goed zingen: heel snel, met allerlei gilletjes tussen de woorden in. Zijn liedjes maken dat je meteen wilt dansen, al weet je van tevoren dat je het nooit zo goed kunt als Michael zelf.

Michaels vader en moeder zijn zwart, net als zijn vier broers en twee zussen. Michael was als kind ook zwart met een bos krulletjes. Zijn neus was groot en daar plaagde zijn vader hem vaak mee.

Misschien had dat geplaag van zijn vader er iets mee te maken. In ieder geval heeft Michael later zijn hele gezicht laten veranderen. De plastisch chirurg ging aan de slag: nieuwe jukbeenderen, nieuwe kaak, rondere ogen. Zijn haar werd steil gemaakt, en zijn huid steeds witter.

Maar het opvallendst was zijn neus. Die werd elke paar jaar een beetje kleiner. Inmiddels is het een bijna onzichtbaar driehoekje.

Michael Jackson is nog steeds zo beroemd dat hij nooit gewoon over straat kan. Overal staan fotografen klaar om foto's te maken. De roddelbladen willen steeds over hem schrijven. Over zijn landgoed, over zijn drie kinderen die een masker dragen omdat hun vader niet wil dat ze gefotografeerd worden. Of over zijn koopziekte; als Michael gaat winkelen, koopt hij in één keer de winkel leeg.

Michael Jackson is misschien wel de vreemdste popster die er is. Maar hij is ook zielig. Michael is zo bijzonder dat de mensen soms vergeten waar het echt om gaat: zijn uitzonderlijke liedjes.

De mode van Madonna

Van Madonna is bekend dat ze niet zo goed kan zingen. Haar stem is nogal dun en soms zelfs vals. Het is daarom maar goed dat Madonna nu leeft, want tegenwoordig kun je een stem beter laten klinken dankzij allerlei apparaten in de studio. De zang lijkt dan voller, of helderder, of krachtiger. Er is zelfs een apparaat dat valse noten zuiver maakt. Op cd kan iedereen goed zingen.

Al heeft Madonna geen goede stem, ze heeft wel andere talenten. Ze kan goed dansen en liedjes schrijven. Maar het belangrijkste is dat Madonna precies weet wat ze wil. En ze wilde vroeger maar één ding: beroemd worden.

Zo blijkt maar weer: als je iets echt graag wilt, dan lukt het ook. Madonna had geen geld en ze kende niemand toen ze vijfentwintig jaar geleden naar New York verhuisde om zangeres te worden. Ze werkte overdag als serveerster, 's avonds nam ze zang- en danslessen. Ze danste vaak in discotheken, gewoon omdat ze van dansen hield. Toen nam ze haar eerste liedje op: 'Everybody'. Al met de derde single, 'Holiday', had ze overal succes. Daarna heeft Madonna achter elkaar hits gemaakt. Ze werd beroemd en trad overal in de wereld op. Ze heeft nu een eigen vliegtuig, en ze woont om de beurt in Londen en Los Angeles.

Het knappe van Madonna is dat ze altijd weet wat 'hip' wordt. Dat hoor je aan haar muziek en dat zie je aan haar kleren. Daarom noem je Madonna een trendsetter, iemand die de mode bepaalt. Zij kan voorspellen of mensen de komende tijd graag dansmuziek willen horen of liever zwijmelmuziek. En als Madonna een cowboyhoed draagt, weet je bijna zeker dat binnen een paar maanden iedereen een cowboyhoed wil.

Madonna vindt het leuk om mensen te laten schrikken. Dat doet ze door te zingen over seks en zich opvallend te kleden. Zo stond ze een keer op het podium in alleen een broekje en een beha, die leek op twee omgekeerde ijshoorntjes. In Amerika zijn de meeste mensen preuts. Ze houden niet van bloot en seks. Daarom waren ze woedend toen ze die blonde zangeres in haar ondergoed zagen dansen voor een stadion vol fans.

Dat wist Madonna best. Ze deed het expres, om de mensen iets te leren. Bijvoorbeeld dat meisjes niet altijd zo braaf en keurig zijn als veel ouders denken. Dat meisjes ook wel eens wild willen zijn. Daar zong ze liedjes over, zoals 'Bad Girl' (Stout meisje) en 'Express Yourself' (Zeg wat je voelt).

Tegenwoordig staan er wel meer zangeressen met een blote buik op het podium. Denk maar aan Britney Spears, Shakira of Christina Aguilera. Zonder Madonna waren zij er nooit geweest.

De dromen van Coldplay

De jongens van Coldplay waren nooit van plan om muzikant te worden. De vier zaten bij elkaar op de universiteit in Londen. Af en toe speelden ze wat in de oefenruimte. Dat klikte zo goed dat er liedjes ontstonden en ze later ook een cd mochten opnemen. Die eerste cd, *Parachutes* (2000), werd overal ter wereld een succes. De vier stopten met hun studie en werden popmuzikant.
De liedjes van Coldplay zijn treurig en vrolijk tegelijk. Treurig omdat zanger Chris Martin zingt met zo'n hoge stem als iemand die zijn tranen probeert tegen te houden. Vrolijk, omdat je het gevoel krijgt dat je hoog in de lucht van wolk naar wolk springt.
Stoeien in de wolken, daar droomt Chris Martin ook van. Dat zie je aan zijn ogen die altijd een beetje schuin omhoogkijken. En hij draagt van die schoenen met dikke zolen, alsof hij zichzelf met een paar grote sprongen denkt te gaan lanceren.
Dat dromerige van Coldplay kennen we ook van groepen als U2 en Radiohead; Britse muzikanten zijn er goed in.

17

Toen Coldplay eenmaal beroemd was, wisten ze niet
zeker of ze daar wel blij mee waren. Na elke nieuwe cd
zeggen ze dat ze nu echt gaan stoppen, maar steeds komt
er toch weer een nieuw album. Het probleem van
beroemd zijn is dat er overal fotografen in de bosjes
liggen om foto's van je te maken.
Dat gebeurt vooral met Chris Martin, omdat hij ook nog
eens een beroemde vriendin heeft, actrice Gwyneth
Paltrow. Het liefst willen ze samen gewoon hun gang
kunnen gaan, maar dat lukt niet als iedereen je herkent.
Je kunt je afvragen waar de naam Coldplay vandaan
komt. *Cold* is koud en *play* is speel. Koudspeel? Dat zegt
niet zoveel. Maar cold betekent ook verkoudheid.
Toevallig heeft Chris Martin vaak last van verkoudheid,
waardoor hij wel eens een optreden moet afzeggen.
Tja, moet je je band ook maar geen Coldplay noemen.

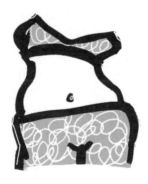

De buikdans van Shakira

Niet alle zangeressen zijn zangeres geworden omdat ze
zo'n mooie stem hadden, of omdat ze zo van zingen
hielden. Soms is een zangeres ook zangeres geworden
omdat iemand tegen haar zei: 'Jij ziet er leuk uit. Je moet

zangeres worden.' Diegene had net zo goed fotomodel of actrice kunnen zeggen.

De kans is groot dat dit meisje niet zelf liedjes kan schrijven en dat haar stem in de studio moet worden bijgeschaafd. Denk aan Kylie Minogue, Kim-Lian, Britney Spears, de zangeressen van K3 of The Spice Girls. Maar sommige zangeressen zijn mooi én talentvol. Zij kunnen zowel liedjes bedenken als zingen en ze zien er goed uit op het podium. Shakira bijvoorbeeld.

Bij Shakira is wel meer niet wat het lijkt. Zo lijkt ze blond maar heeft ze van zichzelf zwart haar. Ze zingt in het Engels, maar spreekt eigenlijk Spaans. Ze lijkt het zoveelste van de straat geplukte mooie popje, maar ze is een 'braniebabe' met haar op haar tanden.

Shakira Mebarak komt uit Colombia. Ze begon al te zingen toen ze acht was en op haar elfde leerde ze gitaar spelen. Op dertienjarige leeftijd liep ze weg van huis, naar Bogota, de hoofdstad van Colombia. Toen ze veertien was, maakte ze haar eerste plaat. Ze werd beroemd in heel Zuid-Amerika. Daar hebben wij niets van gemerkt, want ze zong in het Spaans en haar platen waren alleen te koop in Zuid-Amerika.

Daarna verhuisde Shakira naar Amerika. Ze leerde zichzelf Engels en haar eerste Engelstalige cd was een groot succes. Van Engeland tot Japan en tot Australië, overal werd Shakira beroemd. Vooral toen ze kwam optreden. Behalve ruig zingen en zelf liedjes schrijven, kan ze ook nog buikdansen. Dat schijnt ze te hebben geleerd van haar Arabische familie van vaders kant. Bij optredens en in haar videoclips draait, wiegt en golft Shakira met haar buik. Vandaar dat ze altijd naveltruitjes draagt.

Hiphop

Hiphop is uitgevonden in Amerika, in de jaren zeventig
van de vorige eeuw. In Amerika worden de woorden rap
en hiphop door elkaar gebruikt. Je zou kunnen zeggen
dat rap de muziek zelf is, en dat hiphop niet alleen op
muziek slaat, maar ook op de stijl die erbij hoort: de
hiphopdans, graffiti, de wijde broeken en de
baseballpetten.

Hiphop wordt gemaakt door zwarte jongens en een
enkel zwart meisje. In Amerika hebben zwarte mensen
het vaak moeilijker dan blanken. Ze hebben minder
geld en wonen in minder fijne huizen die ook nog eens
in een getto staan. Een getto is een buurt waar veel
arme mensen bij elkaar wonen.

In die getto's gebeuren veel nare dingen. Er wordt
ingebroken, mensen schieten op elkaar en er wordt
gehandeld in drugs.

Veel Amerikanen wisten vroeger niet hoe gevaarlijk het
is om in een getto te wonen. Dankzij hiphop weten ze
er inmiddels iets meer over.

Rappers vonden dat de kranten en tv te weinig
vertelden over de problemen in de arme wijken.
Daarom doen ze het nu zelf. Ze hebben het over de
arme mensen, over baby's die niets te eten hebben, over
jonge jongens die per ongeluk worden doodgeschoten

als ze op weg zijn naar de kruidenier.

Deze rappers noemen zich het 'zwarte CNN' (CNN is een Amerikaanse tv-zender die altijd snel verslag doet van allerlei rampen). Ze zien zichzelf als nieuwslezers die vertellen wat er nu weer is gebeurd.

De witte huid van Eminem

De meeste rappers zijn zwart, maar één beroemde rapper is dat niet: Eminem natuurlijk.

Eminem werd geboren in Detroit, in Noord-Amerika. Hij groeide op in een arme buurt. Zijn vader was meteen na zijn geboorte weggelopen en zijn moeder had geen tijd voor hem. Eminem, die eigenlijk Marshall Mathers heet, hing de hele dag buiten rond met vrienden. Ze probeerden zelf hiphop te maken en Eminem kon het meteen. Hij was zo boos op alles en iedereen in de wereld dat hij altijd wat had om over te rappen: zijn moeder, zijn vader of zijn ellendige baantje als hamburgerbakker.

Eminem deed mee aan een talentenjacht en werd toen 'ontdekt' door Dr. Dre, ooit zelf een beroemde rapper die nu vaak liedjes voor anderen bedenkt. Hij zag er wel wat in: een blonde rapper, dat was nieuw! Samen maakten ze het eerste album van Eminem: *The Slim Shady* EP (1999). Het werd een hit.

Met iedere cd had hij weer meer succes. Vooral jonge mensen houden erg van Eminem. Er zijn volwassenen die zich boos maken omdat hij op alles en iedereen scheldt – op zijn moeder, zijn ex-vrouw, de Amerikaanse president. Dat hoort niet, vinden ze.

Er is maar één mens op de hele wereld over wie Eminem wel eens iets liefs zegt: zijn dochtertje Hailie Jade.

Sommige zwarte rappers waren teleurgesteld dat uitgerekend een blanke rapper zo beroemd is geworden. 'Wij hebben het uitgevonden,' zeggen ze. 'Hiphop is van de zwarte jongens, die op straat staan te rappen. En wie wordt er nu het allerrijkst mee? Juist, een witte vent!'

Het is niet de eerste keer dat zwarte mensen iets uitvonden waar blanken rijk mee werden. Denk maar aan de rock-'n-roll. Ook die muziek was bedacht door zwarte zangers als Fats Domino en Big Mama Thornton. Maar het was de blanke vrachtwagenchauffeur Elvis Presley die er zo veel geld mee verdiende dat hij alle kranen in zijn huis van goud kon laten maken.

Eminem weet dat zijn witte huid belangrijk is voor zijn succes. In een liedje op de cd *The Eminem Show* (2002) zegt hij het zelf: 'Let's do the math/if I was black I would've sold half' (Laat me het eens uitrekenen. Als ik zwart was had ik maar half zo veel platen verkocht). Hoe dat komt? Daar moet Eminem maar eens een liedje over verzinnen.

Hiphopruzies

Rappers hebben het niet alleen over de toestand in de getto's, ze hebben het ook graag over zichzelf. Dat komt doordat veel hiphoppers ooit zijn begonnen door mee te doen met 'rap-battles'. Bij zo'n wedstrijd mogen de rappers om de beurt een paar minuten rappen. Wie het meeste applaus krijgt, heeft gewonnen. Meestal bedenken ze de raps ter plekke. En waar moet je het dan over hebben? Nou, over jezelf: dat jij goed bent en die ander stom is. 'Ik ben beter dan al die anderen. Klap voor míj!' rappen ze dan op een grappige manier.

Ze scheppen op over zichzelf en beledigen de ander. Dat noemen ze 'dissen' (straat-Engels voor disrespect = beledigen). Dat kan behoorlijk uit de hand lopen. De grootste rapsterren – Eminem, Jay-Z, Nas en Ja Rule – stoppen scheldwoorden in hun teksten. Ze schelden niet alleen op hun moeder of ex-vriendin, maar ook op elkaar. Eerst schold Nas in een liedje tegen Jay-Z. Daarna maakte Jay-Z een scheldliedje tegen Nas. En Nas weer tegen Jay-Z, en ga maar door. Dat kan jaren duren.

Schelden op zich is niet zo erg, maar rappers zijn nogal snel met hun wapens. Eminem heeft een keer zijn pistool getrokken tegen een rapper van Insane Clown Posse, omdat die hem beledigd had. De rapruzie tussen 50 Cent en Ja Rule liep zo hoog op dat Ja Rule op een keer tegen 50 Cent zei: 'Zullen we maar ophouden, straks gaan er doden vallen.'

Sinds het ontstaan van hiphop zijn er ook echt veel rappers vermoord. De beroemdsten zijn Notorious B.I.G., Tupac Shakur en Jam Master Jay (van Run-D.M.C.). Al deze moorden zijn onopgelost gebleven. De politie denkt dat het om geld ging, of om jaloezie, of omdat er iemand zich beledigd voelde.

Na de moorden op Notorious B.I.G. en Tupac Shakur durfde Snoop Dogg – zelf ook geen lieverdje (hij heeft ooit een man neergeschoten) – geen concerten meer te geven. Andere rappers namen snel een paar bodyguards in dienst.

De negen kogelgaten van 50 Cent

50 Cent, oftewel Curtis Jackson, was acht jaar toen zijn moeder werd doodgeschoten. Zijn vader liep weg en Curtis ging bij zijn opa en oma wonen. Zijn moeder was drugsdealer. Na haar dood ging Curtis ook drugs verkopen op een straathoek in Queens, een buurt van New York. In de tien jaar daarna heeft hij veel meegemaakt. Hij verdiende meer geld dan zijn vrienden met een krantenwijk, maar hij zat ook een tijdje in de gevangenis. In die gevangenis bedacht Curtis dat hij rapper wilde worden. Hij noemde zich 50 Cent en werd als rapper al snel bekend in de buurt. Hij wilde net zijn eerste album gaan maken, toen hij op een avond werd neergeschoten.

Vlak bij het huis van zijn oma schoot iemand negen kogels in zijn lijf. Het was een wonder dat 50 Cent het overleefde. Daarna leerde hij Eminem kennen. Eminem liet hem samenwerken met zijn vriend Dr. Dre die nog een paar goede liedjes had liggen. Samen maakten ze in 2003 50 Cents eerste cd die heel toepasselijk heette: *Get Rich Or Die Tryin'* (Word rijk, of sterf terwijl je het probeert). En rijk werd 50 Cent. Zijn cd was de best verkochte debuut-cd ooit.

50 Cent rapt over het leven in de arme wijken, over hoe het is om er als kind alleen voor te staan. Hij praat uit ervaring, net als bijvoorbeeld Jay-Z, die als jongetje ook voor zichzelf moest zorgen. Zoals zijn vriend Eminem zegt:'Mensen zijn geïnteresseerd in iemand die de dood in de ogen heeft gekeken. Van zo'n man wil je wel een cd kopen.'

50 Cent is nog steeds bang dat iemand hem wil vermoorden. Daarom draagt hij altijd een kogelvrij vest. Zelfs zijn zoontje Marquise heeft een kogelvrij minivest.

De schoenen van Missy Elliott

Hiphop klonk vroeger een beetje eng. In de muziek hoorde je bijvoorbeeld vaak harde drums, en het gefluit van kogels. Totdat Missy Elliott cd's ging maken. Want Missy laat koeien loeien in haar liedjes, en slaat met een stok op een omgekeerde emmer als ze drums nodig heeft. Of ze zit even met een pen op tafel te tikken en hup, weer een ritme klaar. Niks dreigend of boos, hiphop kan ook vrolijk zijn. Als Missy Elliott rapt, klinkt het alsof ze de slappe lach heeft.

Missy houdt van rare dingen en doet alles anders dan anderen. In haar clips heeft ze wel eens een kaalgeschoren hoofd, of ze draagt kleren gemaakt van vuilniszakken. Dat doen de meeste zangeressen niet.

Veel beroemde mensen willen graag met haar samenwerken, want behalve zangeres is Missy producer. Er zijn mensen die heel goed kunnen zingen, maar niet zelf muziek kunnen maken. Dat doet Missy dan voor ze. Bijvoorbeeld voor Janet Jackson, Beyoncé en Aaliyah.

Toen ze elf was schreef Melissa (zo heet ze eigenlijk) al liedjes. Die stuurde ze op naar Michael Jackson, in de hoop dat hij ze wilde zingen. Op school zat Melissa de hele dag uit het raam te kijken of er een grote auto kwam voorrijden met daarin Michael Jackson. Hij zou zijn glitterhandschoen naar haar uitsteken en haar meenemen. Dan zou ze nooit meer naar school hoeven. En ook niet meer naar huis, waar haar vader en moeder altijd ruziemaakten.

Toen Michael niet kwam, begon ze haar liedjes op te sturen naar minder bekende zangers en zangeressen, zoals Aaliyah en Faith Evans. Zij vonden haar heel goed en wilden graag de liedjes zingen. Nu doet Missy het allebei: zelf zingen en dingen bedenken voor anderen.

Toen Missy jong was, was ze arm. Nu is ze rijk. Ze heeft drie huizen, vijf auto's en een eigen basketbalveld. Aan één ding geeft ze veel geld uit: iedere dag een nieuw paar gymschoenen.

Rappers dragen altijd gymschoenen en andere mensen doen ze na, ook al zitten ze er de hele dag mee op school of op kantoor. Maar Missy heeft elke dag nieuwe. Voor de 'oude' gymschoenen, die dus één dag zijn gedragen, heeft ze bij haar huis een grote schuur gebouwd om ze op te bergen.

Vreemd? Sommige popsterren sparen auto's. Dat neemt veel meer ruimte in.

Hiphop en pistolen

Hiphoppers rappen vaak over pistolen. Ook in het echt hebben rappers wel eens wapens bij zich. Tenminste zo lijkt het, want in clips of op foto's houden ze er vaak een vast.

Veel ouders en leraren maken zich daar zorgen om. Ze zijn bang dat de liefhebbers van rap ook wapens willen hebben en dat ze die misschien een keer zullen gebruiken.

Als in Nederland iemand wordt beschoten door een jonge jongen, is er altijd wel iemand die zegt dat het door hiphop komt. Bijvoorbeeld in Den Haag, toen Murat D. een leraar doodschoot. Daarna zeiden allerlei mensen: 'Het komt door hiphop, want daarin wordt gedaan alsof het stoer is om een pistool te hebben. Door hiphop gaan Nederlandse kinderen dat ook denken.' En dat is gevaarlijk.

Het is te hopen dat jonge mensen die van hiphop houden zelf bedenken dat pistolen niet normaal zijn. Mobieltjes en mp3-spelers zijn hebbedingetjes. Pistolen niet.

Het leven-na-de-dood van Tupac Shakur

Sommige popsterren blijven na hun dood populair, sommigen blijven zelfs heel productief. Zo staat Elvis Presley, overleden in 1977, nog regelmatig in de hitparade. Ook rapper Tupac Shakur heeft nog hits, al is hij in 1996 gestorven.

De liedjes van Elvis die nu in de hitparade staan, zijn meestal remixen. Een remix betekent dat iemand het liedje door de elektronische gehaktmolen van de computer heeft gehaald. Er worden allerlei geluiden in gestopt, en andere er weer uit gehaald. Als het om een oud liedje gaat, zoals bij Elvis, is een remix een soort modernisering, om ervoor te zorgen dat jonge mensen van nu het ook weer leuk vinden.

Bij Elvis werd er een houseachtig ritme onder het liedje 'A Little Less Conversation' gezet, door de Nederlandse housemuzikant Junkie XL. Het werd over de hele wereld

een hit. Ineens wist iedereen weer wie Elvis Presley was.
De liedjes van Tupac die nu in de hitparade komen, zijn
gewoon restjes. Vlak voor hij werd doodgeschoten, had
Tupac tientallen liedjes in de studio opgenomen. Ze
waren bedoeld voor zijn volgende cd, maar die kwam er
niet meer. Op 7 augustus 1996 ging Tupac naar een
bokswedstrijd in Las Vegas. Na afloop reed hij in een
auto door de stad, toen iemand vanuit een andere auto
op hem begon te schieten. Net die avond was Tupac
vergeten zijn kogelvrije vest aan te trekken.
Een paar dagen later was hij dood.
Daarna werden al die liedjes gevonden. Ze werden niet
allemaal in één keer uitgebracht, maar stuk voor stuk.
Nu eens een single, dan een hele cd vol. Zo is het net
alsof hij nog leeft.
Tupac was knap om te zien, hij kon acteren en rappen.
Maar hij hield van pistolen en dweepte met gangsters;
dat zijn drugsdealers en andere criminelen over wie veel
hiphoppers graag rappen – de zogeheten 'gangsta-rap'.
Hij ging om met gangsters, zong over gangsters, zag eruit
als een gangster. En hij stierf als een gangster,
neergeschoten in zijn auto in gokstad Las Vegas.
In zijn liedjes leek het alsof Tupac zijn eigen dood al aan
zag komen. Hij had nummers als 'If I Die Tonight' (Als ik
vanavond sterf) en 'Life Goes On' (Het leven gaat door),
over zijn eigen begrafenis. In de clip bij het liedje 'I Ain't
Mad At Cha' zagen we Tupac als engel in de hemel.
Vreemd genoeg had Notorious B.I.G., een andere rapper
uit New York, ook allemaal liedjes gemaakt over de
dood. Zijn cd's heten *Ready To Die* (Klaar voor de dood
uit 1994) en *Life After Death* (Leven na de dood, 1997).
Deze Notorious B.I.G. werd een halfjaar na Tupac

doodgeschoten, net als Tupac vanuit een auto. De daders zijn nooit gepakt.

Ook Notorious B.I.G. had na zijn dood veel succes met overgebleven liedjes. Zo gaat het wel vaker. Er werd niet zo lang geleden een liedje van The Beatles teruggevonden met zang van John Lennon (overleden in 1980). Het nummer, 'Free As A Bird', werd een beetje opgelapt en uitgebracht als 'de nieuwe single' van The Beatles. En acht jaar na de dood van Kurt Cobain vonden ze ergens nog een nummer van hem: 'You Know You're Right'. Het werd een hit.

Nederhop

Nadat hiphop in Amerika was uitgevonden duurde het niet lang of overal ter wereld werd gerapt. Van China tot Senegal, Australië, Israël, Mexico en Turkije.

Dat komt doordat hiphop redelijk makkelijk te maken is. Je hoeft niet te kunnen zingen en je hebt er niet zo veel muzikanten bij nodig. Het enige wat je goed moet kunnen is teksten bedenken, die je snel en ritmisch uitspreekt.

De eerste Nederlandse rappers rapten net als hun Amerikaanse voorbeelden. Hun teksten waren in het Engels en gingen over dezelfde onderwerpen als die van de Amerikanen.

Maar hiphop gaat bijna altijd over wat je meemaakt in het dagelijks leven. Iemand in een gevaarlijke buurt van Los Angeles ziet criminelen en schietpartijen op straat. Daar gaan zijn *rhymes* (rapteksten) dan ook over. Maar een rapper uit Heerhugowaard maakt zoiets nooit mee. Als hij daar toch over rapt, klinkt het een beetje raar.

De freestyle van Def P

Osdorp Posse uit Amsterdam heeft daar iets op gevonden. Def P, de voorman van deze rapcrew, besloot als eerste om in het Nederlands te rappen. En hij had het niet over de gangsters van Los Angeles maar over dingen die hij zelf in Osdorp meemaakte. Over je vervelen, het gluren van de buurvrouw, of over de tram.

Def P zorgde er wel voor dat hij typische rapwoorden gebruikte, maar dan letterlijk vertaald. Zo werd het 'motherfucker' van de gangsta-rappers 'moederneuker' bij Def P. Of hij had het over 'roffer', zijn versie van het Engelse 'rougher', wat ruiger betekent.

Def P kan niet alleen rijmen en grappige dingen bedenken, hij kan ook razendsnel improviseren. Dat heet freestylen. Bij optredens mogen mensen uit het publiek een woord roepen, dan maakt Def P er ter plekke een rijm over. De kunst is om de woorden ritmisch in elkaar over te laten lopen. Ze noemen dat *flow*, oftewel vloeien. Def P weet dat hij het kan. Zoals hijzelf ooit rapte: 'Ik ben de goeie in het vloeien.'

Nadat Osdorp Posse deze eigen Nederhop had bedacht, ging bijna iedere rapper over op het Nederlands. Ga maar na, alle bekende Nederlandse rappers kun je zo verstaan: Extince, Brainpower, Moordgasten, Lange Frans & Baas B.

Dat brengt ze ook wel eens in de problemen. Def P van Osdorp Posse is in zijn teksten soms zo aan het schelden en tieren dat de Bond tegen het Vloeken er boos om werd. Heel netjes boos, dat wel.

De hiphopruzie van Brainpower en Extince

Brainpower, die eigenlijk Gertjan Mulder heet, is nogal bijdehand. Dat hoor je aan de woordspelingen in zijn raps. Zo heette een van zijn cd's *Door merg & brain*. Maar hij is ook gevoeliger dan de meeste Nederlandse rappers. Brainpower heeft het over hoe goed hij zelf is én over de treurige dingen die hij meemaakt. Over de dood van zijn beste vriend bijvoorbeeld rapte hij in 'Je moest waarschijnlijk gaan', en een ander nummer gaat over liefdesverdriet.

Maar ook een gevoelige rapper kan ruzie krijgen. Brainpower had een keer een grote hit met zijn liedje 'Dansplaat'. Het nummer heeft een gezongen refrein, en dat vonden sommige rappers niet gepast. Want, zo beweerden ze, zingen is voor popzangers, rappers mogen alleen rappen.

Extince vond dat ook. Extince heet eigenlijk Peter Kops. Hij komt uit Breda en rapt met een zachte 'g'. Extince vond dat Brainpower te commercieel werd, dat hij alleen nog maar liedjes voor de hitparade maakte. Daarom schreef hij een rap om Brainpower te *dissen* (beledigen). Het nummer heet 'Doorgaan' en Extince rapt: 'Vandaag wil ik graag m'n spreekbeurt houden over neppe rappers/Gasten met rijms die net zo belangrijk zijn voor mij als de reclamefolders in mijn brievenbus.'

Brainpower reageerde meteen. Hij maakte het nummer 'Ghostbusters' en zette het op zijn website zodat iedereen het kon downloaden. Brainpower zegt in 'Ghostbusters' dat Extince naast zijn schoenen loopt en dat hij spoken ziet.

Een paar jaar eerder had Extince ook al ruzie met Def P van Osdorp Posse. Extince werd net een beetje bekend met het nummer 'Spraakwater'. Def P vond het liedje maar niks en maakte als antwoord het nummer 'Braakwater'.

Maar rappers zijn niet altijd gemeen tegen elkaar. Als je bijvoorbeeld luistert naar de eerste cd van de Moordgasten, hoor je Def P enthousiast de broertjes aankondigen als 'twee kleine mannetjes die het zeker gaan maken'.

Kaalkoppen en tatoeages

We leren ook van popmuzikanten. Wat voor soort broek je moet aantrekken, welk merk schoenen je moet kopen, hoe je je haar doet. Dat bijna iedereen tegenwoordig wel een piercing of een tatoeage heeft, komt door popsterren. Zij zijn ermee begonnen.

Oké, we zullen niet allemaal 'Rot In Pieces' (Rot in stukjes) om onze navel laten zetten, zoals Eminem na een ruzie met zijn ex-vrouw deed. Maar toch wel ergens een dolfijn, of een vlinder.

Vaak kun je aan iemand zien van wat voor muziek hij houdt. Dat is uniek voor popmuziek. Je kunt zelden aan iemand zien wat voor boeken hij leuk vindt.

Zie je een meisje met roze haar, dan houdt ze waarschijnlijk van Pink. Jongens met laaghangende broeken of wijde trainingspakken houden van hiphop; degenen met zo'n strakke zwarte zwemmuts hebben een speciale voorkeur voor 50 Cent. Zij met de grote openstaande witte gymschoenen zijn 'old skool' (hiphoptaal voor ouderwets) en houden van Run-D.M.C., LLCoolJ en Rakim.

Zie je een jongen met een kaal hoofd, legerkistjes aan zijn voeten, en een T-shirt van het merk Fred Perry, dan weet je: dit is een *skinhead* (kaalkop) die van oude ska (een soort snelle reggae) houdt.

Mensen met woeste bossen haar en zwarte T-shirts luisteren naar hardrock. Ze hebben ijzeren punten op hun riem en armband. Punks maken hanenkammen van hun haar, en reggaeliefhebbers hebben dreadlocks, rafelige strengen haar. Hun kleren zijn vaak rood-geel-groen. Dat zijn de kleuren van het beloofde land Ethiopië waar de reggaefans volgens het rastageloof ooit naar terug zullen keren.

Sommige dingen beginnen bij de ene muziekstijl en worden dan overgenomen door een andere. Tatoeages hoorden vroeger bij hardrock. Kijk maar naar zanger Justin Hawkins van The Darkness, die graag oude hardrockgroepen nadoet. Hij heeft een paar enorme vlammen op zijn onderbuik laten tatoeëren.

Maar tegenwoordig zijn tatoeages ook populair bij hiphoppers. Pharrell Williams van N.E.R.D heeft vrouwen over zijn hele arm. Sommige rappers zitten zo vol tatoeages dat het wel graffiti lijkt. Tupac Shakur, die in 1996 werd doodgeschoten, had allerlei woorden op zijn borst laten zetten. Een ervan was *thug* (zware jongen) in koeienletters. Wilde hij dat mensen hem een boef vonden? Of wás hij een boef, en wilde hij daar eerlijk over zijn?

Hoe dan ook, na zijn dood lieten veel hiphopfans het woord *thug* op hun huid tatoeëren.

De piercing van Justin Timberlake

Toen Justin Timberlake dertien was wilde hij een gaatje in zijn oor, want al zijn vrienden hadden er een.
Zoals de meeste ouders vond de stiefvader van Justin dit geen goed idee. Daarom bedacht hij een list: Justin moest zelf een liedje schrijven en het zingen op een familiefeestje. De vader dacht dat Justin dat nooit zou durven. Dan zou hij dus ook geen piercing krijgen.
Maar tot zijn vaders verbazing had Justin wel degelijk een liedje bedacht. Het heette heel toepasselijk 'The Earring Song' (Het oorbellied). Toen Justin het zong op zijn verjaardag, bleek hij ook nog eens goed te kunnen zingen. Justin zou een ster worden, dat zag je zo. Zijn stiefvader is nog altijd trots dat hij Justin zijn eerste liedje heeft laten schrijven.
Nu is Justin Timberlake zo beroemd dat hij de nieuwe King of Pop wordt genoemd. Dat is een hele eer, want de vorige popkoning was Michael Jackson en die is buitenaards beroemd.
Justin werd voor het eerst bekend met de groep N'Sync, een boyband net als Take That en Westlife. In boybands zingen altijd een stuk of vijf jonge jongens. Ze zijn heel

knap en kunnen goed dansen. Vooral jonge meisjes kopen hun cd's en gaan naar de concerten.

Meestal bestaan boybands maar een paar jaar; daarna zijn de jongens te oud. Soms gaat een van de zangers uit een boyband alleen verder, zoals Robbie Williams van Take That.

Ook Justin Timberlake maakte een solo-cd: *Justified* (2002). Daarmee had hij zo'n succes dat hij niet meer terug wilde naar N'Sync. Hij trad overal op met zijn flitsende dansliedjes. Iedereen vindt hem geweldig.

Maar één keer waren een heleboel mensen boos op Justin. Dat was toen hij een liedje zong met Janet Jackson, de zus van Michael, bij de Super Bowl in Amerika. De Super Bowl is een groot sportfeest, dat door zo'n beetje alle Amerikanen op tv wordt bekeken. Justin zong samen Janet zijn hit 'Rock Your Body'. Janet droeg een stoer gladiatorpak van leer. Aan het eind van het liedje trok Justin aan haar leren beha. Die ging zomaar los en heel Amerika zag de blote rechterborst van Janet Jackson op tv. De Amerikanen waren woedend. Ze eisten excuses van Justin en Janet. Er waren zelfs mensen die een rechtszaak tegen hen wilden beginnen.

Dat is wel een beetje flauw, vooral omdat ze het hadden kunnen weten. Want wat zingt Justin in het refrein van 'Rock Your Body'? Inderdaad: 'I bet I'll have you naked by the end of this song' (Ik durf te wedden dat ik je bloot zie voor dit liedje is afgelopen).

Justin hield zich aan zijn woord.

De tatoeages van Robbie Williams

Robbie Williams is een rebel. Toen hij in Take That zat,
was hij de enige van de vijf jongens die rookte en alcohol
dronk. Dat mocht niet. Toen ze in de groep kwamen
hadden de leden van Take That beloofd dat ze niet
zouden drinken, roken en met meisjes uitgaan. Take That
moest vooral netjes zijn, zodat zo veel mogelijk mensen
de groep leuk zouden vinden. Want de band was
opgericht door een paar slimme zakenmannen die snel
veel geld wilden verdienen. De zangers zelf verdienden
ook wat, maar ze moesten er keihard voor werken. Ze
gaven meerdere concerten per dag: in een supermarkt, in
een concertzaal, of in Disneyland, overal waar veel
mensen waren. Take That ging van het ene land naar het
andere, van Amerika naar Australië, vliegtuig in vliegtuig
uit.
Toen Robbie te veel ging drinken, werd hij ontslagen.
Veel meisjes waren zo van streek, dat er speciale
telefoonlijnen werden opengesteld waar rouwende fans
over hun verdriet konden praten.
Na Take That begon Robbie aan een solocarrière. Nu is

hij geen nette jongen meer. Hij vloekt en is vaak te dronken om op zijn benen te staan. In de tijd van Take That had Robbie al een tatoeage laten maken. Nu neemt hij er steeds weer een bij. Op zijn schouder een leeuwenkop, met daarboven de uitspraak 'Grant Me Serenity' (Geef me rust), op zijn pols de naam van zijn opa, en een groot Keltisch kruis op zijn bil.

Zo lijkt Robbie een stoere vent. Maar hij is ook grappig, want hij trekt even makkelijk vrouwenkleren aan, of hangt als een acrobaat boven het podium. Robbie is een echte showman. Een van zijn beroemdste nummers heet dan ook 'Let Me Entertain You' (Laat me je amuseren). Robbie lijkt op zijn vader Pete, die ook altijd mensen wil vermaken. Deze Pete Conway was niet zo succesvol als zijn zoon. Hij deed goocheltrucs voor bejaarden. Toen Robbie drie jaar was liet zijn vader het gezin in de steek. Robbie voelde zich daardoor verwaarloosd. Op school waren de leraren ook niet aardig tegen hem en vlak voor het eindexamen ging hij van school. Voor al die volwassenen maakte hij later een liedje. Het heet 'My Culture' (Mijn achtergrond) en Robbie zingt: 'Hoi pap, ken je me nog? Ik ben de man die ik volgens jullie nooit zou worden. De jongen die je steeds aan het huilen maakte. Ik ben 27 jaar eenzaam geweest. Ja, dat klopt, ik heet Rob. Het joch dat popster is geworden' (Hello Dad, Remember me?/I'm the man you thought I'd never be/I'm the boy who you reduced to tears/I've been lonely for 27 years/ Yeah, that's right/ My name is Rob, I'm the one who landed the popstar's job).

Dat was zijn wraak.

Robbie Williams is nu dan ook een echte popster. Overal waar hij komt liggen fotografen in de bosjes om stiekem

foto's van hem te maken. Het liefst van Robbie en een
nieuw vriendinnetje. Roddelbladen betalen voor zulke
foto's soms wel 100.000 euro.
In het dagelijks leven is Robbie heel anders dan op het
podium. Het verschil zit ook in zijn naam. Op het toneel
is hij Robbie, de dolle ster die niets te gek is. Daarbuiten
is hij gewoon Rob, rustig en serieus.

Hardrock

Hardrock is harder en ruiger dan gewone rock. Als je
naar een hardrockzanger luistert weet je meteen dat hij
boos is. Want hij zingt niet, hij schreeuwt. Bij hardrock
spelen gitaren de hoofdrol. Eén gitarist soleert en de
anderen raggen ertegenin.

Ook hardrockers hebben goed begrepen dat je iets extra's
moet doen om op te vallen. De leden van Kiss deden zo
veel make-up op hun gezicht dat niemand wist hoe ze er
echt uitzagen. De zanger van AC/DC draagt altijd een
schooluniform, compleet met pet en schooltas. Andere
hardrockers hebben bijzondere gitaren, bijvoorbeeld in de
vorm van een bliksemschicht. Bijna alle hardrockers
hebben lang haar dat ze tijdens het spelen snel heen en
weer schudden. Headbangen, noem je dat.

Ze dragen graag ijzeren spijkers in hun riemen, en
ijzerbeslag op hun kleren. Het ziet er allemaal gevaarlijk
uit.

Boosheid hoort bij hardrock. Hardrockers zelf noemen
het afreageren. Ze zijn boos op hun ouders, op de
buurman, of de belasting – wat je maar kunt bedenken.
En ze schreeuwen liever in de oefenruimte of op het
podium dan dat ze de buurman in elkaar slaan. Op zich
een goed idee.

Hardrockers doen ook graag eng. Ze zingen over duistere

dingen zoals zwarte magie en de duivel. De groep Iron Maiden versiert haar podium met de schedels van dode schapen en geiten. Ozzy Osbourne, bekend van MTV, zat vroeger in de hardrockgroep Black Sabbath. Black Sabbath werd beroemd omdat Ozzy tijdens een concert een keer de kop van een levende vleermuis afbeet. Hij moest daarna meteen naar het ziekenhuis voor een inenting tegen hondsdolheid. Vleermuizen kunnen die ziekte namelijk overbrengen.

De woede van Metallica

Metallica uit Amerika is de beroemdste hardrockband van de afgelopen tijd. De groep is rijk geworden door woede. Zanger James Hetfield kan tieren en schreeuwen als de beste, terwijl drummer Lars Ulrich met een duivelse grijns op zijn trommels roffelt. James vertelt in interviews dat hij in het dagelijks leven juist nooit boos wordt, ook als dat eigenlijk wel zou moeten. Hij houdt zich te veel in, zegt hij. Daarom is James blij dat hij liedjes kan zingen als 'St. Anger' (Sint Woede) waarin hij lekker kan razen.
Het bijzondere van Metallica is dat ze juist niet zo

bijzonder zijn. De muzikanten verbergen zich niet achter make-up of kostuums. Ze zijn eerlijk.

Fans van Metallica hebben ooit het 'matje' uitgevonden: een kortgeknipt kapsel, maar lang in de nek. De hardrockfans bedachten dat omdat ze er voor hun werk netjes uit moesten zien. Zo ben je keurig van voren en hardrock van achter.

De oprichters van Metallica zijn Lars Ulrich en James Hetfield. Van zulke zware jongens zou je misschien verwachten dat ze in hun vrije tijd graag rondhangen met Hell's Angels of andere motorrijders. Maar nee hoor. James houdt van paardrijden en Lars verzamelt moderne kunst. In zijn vrije tijd gaat Lars naar tentoonstellingen. Hij heeft een grote collectie schilderijen van de Nederlandse schilder Karel Appel.

De beha van Anouk

Rockzangeres Anouk komt uit Den Haag, de beste muziekstad van ons land. Daar komen bands vandaan die zelfs in Amerika succes hebben. De eerste was Shocking

Blue met het liedje 'Venus', en een andere was Golden Earring met 'Radar Love'. Kane komt ook uit Den Haag.

Het eerste wat we ooit van Anouk hoorden was een ruig liedje waarin ze zong dat ze niemands vrouw wilde zijn. Ze zou dus nooit met iemand trouwen. Het liedje heette 'Nobody's Wife', en het klonk net zo streng als die tekst doet vermoeden.

Anouk werd snel beroemd. Omdat ze leuk en mooi is, maar ook een beetje gevaarlijk. Als Anouk heen en weer loopt over het podium lijkt ze op een getergde tijger in Artis. Je kunt maar beter niet te dichtbij komen.

Anouk laat zich niets vertellen. In Amerika heeft ze een keer een stel zakenmensen uitgescholden. Want die mannen wilden dat Anouk een ander soort kleren zou dragen en dat ze wat aardiger zou zijn voor radio-dj's. Zo gaat dat in Amerika. Om daar beroemd te worden, moet je tegen veel mensen aardig zijn. Anouk had daar geen zin in, en dat liet ze weten ook.

In Nederland treedt Anouk vaak op in haar beha. Toen ze een keer op Pinkpop speelde, gooide iemand een ei tegen haar aan. Het ei brak en maakte haar T-shirt vies. Anouk trok het meteen uit en zong verder in haar beha. Dat beviel zo goed dat ze vaker in beha ging zingen, ook als er geen ei tegen haar aan was gegooid.

Wel meer muzikanten vinden het prettig om op het podium weinig kleren aan te hebben. Denk maar aan de leden van The Red Hot Chili Peppers, die waren vroeger tijdens hun concerten helemaal bloot. Nou ja, bijna helemaal. Om hun piemel zat een witte tennissok.

Grunge

Grunge is een slepend soort hardrock, bedacht door de groep Nirvana. Andere grungegroepen zijn Pearl Jam, Soundgarden en de Nederlandse band Kane.

De gitaar van Kurt Cobain

Kurt Cobain, de zanger/gitarist van Nirvana, pleegde zelfmoord in 1994. Na zijn dood is hij alleen nog maar beroemder geworden. Zo gaat het soms. Er zijn zelfs zangers en zangeressen die tijdens hun leven onbekend waren, maar die na hun dood ineens ontdekt werden en veel platen verkochten. Dat gebeurde bijvoorbeeld met de zanger Nick Drake en met Tim Buckley.
Maar Cobain maakte een eind aan zijn leven omdat hij zichzelf té beroemd vond. Hij had nooit verwacht dat de ruige muziek van Nirvana bekend en geliefd zou kunnen

worden. Toen hun liedje 'Smells Like Teen Spirit' een grote
hit werd, was dat heel verrassend.

En wat gebeurt er met een band als die veel cd's verkoopt?
Dan moet de band optreden in grote concerthallen en
wordt die de halve wereld overgevlogen en rondgereden in
limousines.

Dat was heel wat anders dan Kurt Cobain (zang/gitaar),
Dave Grohl (drums) en Krist Novoselic (basgitaar) gewend
waren. Zij waren altijd arm. Ze reisden in een oud busje
en speelden in kelders en kleine zaaltjes. Toen 'Smells Like
Teen Spirit' een hit werd, was dat van de ene op de andere
dag voorbij.

Fijn, zou je zeggen: geld verdienen, luxe hotels, limousines.
Kurt vond van niet. Hij was blij dat veel mensen zijn
muziek goed vonden, maar hij miste de gezellige
concertzaaltjes.

Als jongen had hij er altijd van gedroomd om popster te
worden, al wist hij niet precies wat dat betekende. Hij wist
alleen zeker dat hij niet in een fabriek wilde werken, zoals
zijn vader. Op zijn veertiende kreeg Kurt zijn eerste gitaar.
Hij oefende uren achter elkaar. Hij verkocht zelfs de
spullen van zijn stiefvader om van de opbrengst een
gitaarversterker te kunnen kopen.

Zijn vader en moeder waren gescheiden toen hij negen
was. Kurt kon niet opschieten met zijn stiefouders, en
niemand wilde hem in huis hebben. Hij werd heen en
weer geschoven tussen tantes en oma's. Vanaf zijn twaalfde
regelde hij zelf een slaapplaats. Hij sliep op de bank bij
een vriendje. Of buiten, onder een brug bij de rivier.

Toen hij met Nirvana eenmaal beroemd was, vertelde
Kurt vaak over die rare jaren. Hij verklaarde daarmee de
wanhoop in zijn muziek, want Nirvana maakte

opwindende rockliedjes waarin verschillende stemmingen te horen zijn. In zijn manier van zingen en zijn gitaarspel ging Kurt vaak van lief en zacht naar wanhopig boos en hard. Die wanhoop, zei hij, kwam door iedereen die zijn jeugd verpest had. Zijn vader, moeder, stiefouders, leraren op school.

Daarbij hoorde ook het slaan met een gitaar. Hoeveel Kurt ook van zijn gitaren hield, hij maakte er bij ieder optreden van Nirvana minstens één kapot. Hij nam de gitaar bij de kop en sloeg ermee op het podium tot de splinters in het rond vlogen.

De ambitie van Kane

Als Nederlandse popmuzikant is het moeilijk om wereldberoemd te worden. Dat is logisch, want een zanger die in het Nederlands zingt, verstaan ze in Frankrijk of Engeland niet. Bløf of Marco Borsato zal dus nooit echt doorbreken in het buitenland.

En als je in het Engels zingt? Dat helpt iets. Het probleem is alleen dat de meeste Nederlanders een soort Nederlands-Engels praten. Je kunt horen dat Engels niet

hun moedertaal is. Dat vinden wij niet zo erg, maar
mensen die zelf Engels spreken vinden dat storend.
Bovendien hebben ze in Engeland of Amerika al zo veel
muzikanten dat de mensen er niet zitten te wachten op
een Nederlands bandje.
De enige Nederlandse muziek die internationaal wel
succes heeft is house. En toevallig of niet: bij house wordt
doorgaans niet gezongen. Daarmee is het taalprobleem
ook opgelost.

Dinand Woesthoff, de zanger van Kane, wil zich er niet bij
neerleggen dat een Nederlandse rockband in het
buitenland geen succes zou kunnen hebben. Hij heeft zich
voorgenomen om daar wel in te slagen.
Kane speelt stoere rockmuziek. Het tempo is een beetje
slepend alsof een groot prehistorisch dier zich
voortbeweegt: langzaam maar verwoestend.
In Nederland kan zijn band niet populairder meer worden.
Kane speelt in voetbalstadions voor vijftigduizend fans.
Maar als Kane in het buitenland optreedt, is het als
voorprogramma, of in een achterafzaaltje.
Om succesvol te worden doet Woesthoff wat hij maar kan.
Hij zorgt steeds dat hij met de beste muzikanten werkt.
Ook als dat betekent dat hij er af en toe een moet
ontslaan om een betere te zoeken.
Van een aantal bekende Kane-liedjes heeft de band
nieuwe versies opgenomen, voor hun cd *Februari* (2004).
Nu klinken ze rustig en akoestisch, zodat ook mensen die
niet van grunge houden, van Kane kunnen genieten.
In Duitsland is Kane al bekend, maar de Engelstalige
landen moeten nog worden veroverd. Zal het ze lukken?
Dinand Woesthoff heeft er in ieder geval alles voor over.

Headbangen en breakdance

Popmuzikanten bedenken vaak een eigen dans. Zo deed rock-'n-rollzanger Chuck Berry altijd de *duck walk*, oftewel de eendenloop. Hij flapte met zijn ellebogen alsof het vleugels waren en liep waggelend rond. Michael Jackson danst zijn *moon walk* (maanloopje), waarbij het lijkt alsof hij vooruitloopt terwijl hij achteruitgaat. Heel knap.

Bij bijna alle muzieksoorten hebben ook de fans een eigen manier van dansen bedacht. Die doen ze terwijl ze luisteren naar de muziek. Zo hoort de pogo bij punk: pogoën is heel snel op en neer springen. Bij punk is ook het stagediven uitgevonden. Een fan rent het podium op en duikt meteen weer het publiek in. Met zijn hoofd naar voren en zijn armen gestrekt, net alsof hij een duik neemt in een echt zwembad. Vlak voor het podium is het druk, dus hij komt zachtjes neer op de mensen die daar staan. Maar soms gaat het mis. Dan staan er minder mensen dan de stagediver dacht, of ze stappen allemaal net even opzij. Dan valt hij 'pats!' op de grond. Zo gebeuren wel eens ongelukken: gebroken neus, gekneusde ribben. Hiphoppers dansen als acrobaten. Dat heet breakdance. Ze springen rond op hun handen, of ze gaan op hun hoofd staan en draaien dan rondjes. Andere hiphoppers dansen alsof ze onder stroom staan. Ze stuiteren op en neer als robots, met hoekige bewegingen van hun armen en benen. 'Electric boogie' heet dat.

Bij hardrock gaat het publiek headbangen, dat is Engels voor met je hoofd schudden. Maar niet een beetje schudden alsof je 'nee' zegt. Bij headbangen schud je zo hard dat je haren als woeste golven om je hoofd dansen. Hardrockfans hebben vaak lang haar, ook de jongens.

Hardrockfans hebben nog iets uitgevonden: het luchtgitaar spelen. In hardrock worden veel gitaarsolo's gespeeld. Dat betekent dat een gitarist even alle aandacht krijgt en dan een ingewikkeld patroontje op zijn gitaarhals speelt.

Terwijl de gitarist bezig is, doet de fan alsof hij ook een solo speelt. Dan denkt hij aan de razendsnelle solo's die bijvoorbeeld gitaarheld Jimi Hendrix eind jaren zestig speelde. Of Jimmy Page, van de hardrockgroep Led Zeppelin. Hij houdt een denkbeeldige gitaar vast, zijn vingers trekken aan denkbeeldige snaren en hij kijkt er heel moeilijk bij. Dat is nou luchtgitaar spelen.

Er worden zelfs kampioenschappen gehouden: wie de beste luchtgitarist is.

De luchtgitaar van Marco Borsato

De luchtgitaar is ook tot andere muzieksoorten doorgedrongen. Bij concerten zijn er altijd een paar mensen in de zaal mee bezig. Soms doen zangers op het podium het zelf ook. Hij speelt dan gitaar in de lucht, terwijl de gitarist naast hem de echte solo speelt.
De beroemdste luchtgitarist van Nederland is Marco Borsato.
Hij is natuurlijk ook beroemd om zijn manier van zingen. Marco zingt met zo veel gevoel in zijn stem dat je hem altijd gelooft. Soms zingt hij over dingen die niet kunnen en nóg geloof je het. Bijvoorbeeld in 'Dromen zijn bedrog'. Daarin zong hij: 'De meeste dromen zijn bedrog/maar als ik wakker wordt naast jou dan droom ik nog/Ik voel je adem en zie je gezicht/je bent een droom die naast me ligt.'
Begrijp jij het? Zou hij bedoelen: 'Het leven is zo mooi, het lijkt wel een droom'? Maar een droom is ook bedrog, zegt hij, en dat is weer niet zo leuk. Vroeger wilde Marco kok worden. Hij ging naar de koksschool. Als hij onder het koken stond te zingen, merkte hij dat mensen zijn stem mooi vonden. Hij besloot daarom mee te doen met

de *Soundmixshow*, die hij won. Maar het duurde nog een paar jaar voordat hij echt beroemd werd met 'Dromen zijn bedrog'.

Nu is Marco de beroemdste zanger van Nederland. Hij heeft de meeste nummer één-hits uit de geschiedenis en hij treedt op in de grootste zalen. Als Marco Borsato een concert geeft, speelt hij niet alleen luchtgitaar. Hij speelt ook luchtdrums, luchtpiano en zelfs luchtdwarsfluit. Waarom zou hij dat doen? Omdat het er grappig uitziet? Waarschijnlijk omdat hij al die instrumenten zo mooi vindt. Dus eigenlijk om dezelfde reden als de hardrockfans. Marco is zanger en fan tegelijk.

De danspassen van Britney Spears

Je hebt popsterren die in hun eentje concerten kunnen geven, zoals Bruce Springsteen, Beck of Alanis Morissette, en er zijn popsterren die altijd met een heleboel mensen tegelijk op het podium staan. Britney Spears is zo'n showzangeres. Als Britney optreedt heeft ze allerlei muzikanten, achtergrondzangeressen en danseressen die helpen om er een spektakel van te maken.

Sinds haar achtste heeft Britney Spears getraind om een ster te worden. Ze leerde dansen, zingen en zich goed gedragen voor de camera's, en vanaf haar elfde speelde ze in reclames en tv-programma's. Haar eerste hit heette '...Baby One More Time', ze was toen 17 jaar. Britney deed graag alsof ze nog heel jong en onschuldig was. Zo heette een van haar hits 'Oops!... I Did It Again' (Oeps! Ik deed het weer), alsof ze een kind was dat een glas melk van tafel stoot. Maar op het podium en in haar clips is Britney niet zo onschuldig: haar truitjes en rokken worden steeds korter, en ze kronkelt als een slang over het toneel. Bij Britneys optredens ligt alles vast. De dansjes zijn ingestudeerd, iedere beweging is afgesproken. Britney heeft het bij haar concerten zo druk met dansen en heen en weer rennen, dat ze geen adem over houdt om te zingen. Dat doet ze dan vaak ook niet. Het is bekend dat Britney bij haar optredens een groot deel van de liedjes playbackt. Ze beweegt haar mond zodat het lijkt alsof ze de woorden zingt, maar de stem die je hoort komt van een cd of een tape. Dat doen wel meer zangers en zangeressen. Janet Jackson, Madonna, Christina Aguilera, allemaal playbacken ze soms. Het is de bedoeling dat ze dan net doen alsóf ze zingen. Maar Britney Spears vergeet soms zelfs dat. Als je helemaal vooraan staat bij haar concert, kun je zien dat Britney wel haar mond beweegt maar dan vooral om de maat te tellen bij haar danspasjes: 'Eén, twee, drie, één, twee, drie,' zegt ze steeds.

R&b

De afkorting r&b komt van rhythm and blues. R&b is zwoele muziek en wordt gemaakt door Usher, R.Kelly en Whitney Houston uit Amerika, Craig David uit Engeland en Re-play uit Nederland. In de jaren zestig werd de naam r&b ook al gebruikt, maar de muziek was rauwer. Toen werd de naam uitgesproken als 'rhythm and blues', de muziek van nu noemen we kortweg 'r&b', spreek uit: arrenbie.

R&b is gemaakt om langzaam op te dansen. De zangers klinken tevreden, alsof ze net iets lekkers hebben gegeten. De muziek zit vol strijkers en swingende koortjes en de liedjes gaan meestal over jongens die een meisje willen versieren. Door de zwoele sfeer denk je meteen aan een discotheek in de openlucht, op het strand met palmen eromheen. Er lopen mannen en vrouwen die naar elkaar kijken en lachen. Ze drinken cocktails met een parasolletje erin.

De branie van R.Kelly

R.Kelly, die eigenlijk Steven Williams heet, komt uit
Chicago. Hij heeft veel succes, als zanger en als producer.
Hij maakte liedjes voor Michael Jackson en hij ontdekte
de r&b-zangeres Aaliyah. R.Kelly en Aaliyah trouwden
toen zij nog maar vijftien was. Aaliyah is nu dood, ze
kwam om bij een vliegtuigongeluk.
Als R.Kelly zelf zingt, zorgt hij ervoor dat er op zijn
liedjes goed te dansen valt. Maar door alle harpen en
romantische violen klinkt het ook alsof hij wil dat je
verliefd op hem wordt – alsof hij ieder moment met een
bos rozen op de stoep kan staan.
Eigenlijk is R.Kelly heel brutaal. Zijn teksten gaan niet
over kaarslicht en rozen. Ze gaan over seks. De afgelopen
tijd heeft niemand zo veel teksten over seks geschreven als
R.Kelly: 'Sex Me' (Ik wil seks), 'Your Body's Callin' (Je
lichaam roept), 'Bump 'n' Grind' (Bots en draai). Als hij
optreedt, kleedt R.Kelly zich vaak uit. Hij eindigt bijna
ieder optreden in zijn ondergoed.
R.Kelly is de afgelopen jaren een paar keer gearresteerd.
Dat had toevallig ook te maken met seks. R.Kelly had te
jonge vriendinnetjes, van 15 of zelfs 14 jaar, en dat is
verboden in Amerika.

De vader van Beyoncé

Beyoncé is al jong begonnen met dansen en zingen, net als Christina Aguilera, Britney Spears en Justin Timberlake. Op haar zevende ging ze op dans- en zangles. Beyoncé was een verlegen meisje. Alleen tijdens het dansen en zingen voelde ze zich vrij. Iedereen die haar bezig zag was verbaasd dat het schuchtere meisje dit in zich had.

Maar Beyoncé wist: dit is wat ik in mijn leven wil doen. Haar vader Mathew zag er ook wel wat in en hij begon haar te trainen. Van hem moest Beyoncé iedere ochtend twee kilometer hardlopen terwijl ze liedjes zong. Dat was om te leren dansen en zingen tegelijk zonder buiten adem te raken. Beyoncé was toen tien.

Op haar elfde had ze met een paar meisjes haar eerste popgroep, GirlsTyme. Beyoncé had geen andere vriendinnetjes dan de meisjes met wie ze muziek maakte. Iedere dag moesten ze van haar vader kijken naar video's van Madonna, Janet Jackson en Whitney Houston. Ze bestudeerden alle danspassen en stembuigingen en oefenden net zolang tot ze het even goed konden als hun voorbeelden.

Na GirlsTyme richtte ze samen met drie andere meisjes Destiny's Child op. De vier kregen over de hele wereld al snel succes met hun nerveuze r&b-liedjes. Toen Destiny's Child een jaartje vrij nam van het harde werken, maakte Beyoncé meteen een solo-cd. Ze kreeg een hit met 'Crazy In Love' (Gek van liefde) dat ze heel toepasselijk zong met haar verloofde, de rapper Jay-Z.

Beyoncé is nog steeds verlegen, maar op het podium durft ze alles. Ze draagt korte jurkjes en strakke beha's. Ze hangt op haar kop aan het plafond te zingen. Ze trappelt op haar hoge hakken als een ongeduldig renpaard. Het verschil tussen Beyoncé op het podium en Beyoncé daarbuiten is zo groot, dat ze er een naam voor heeft bedacht. Sommige mensen noemen zoiets magie, maar Beyoncé noemt het Sasha. Sasha is de kracht die over haar komt als ze staat te zingen. Dan kan het gebeuren dat Beyoncé haar diamanten oorbellen, die 250.000 euro hadden gekost, zomaar het publiek in gooit.

Vader Mathew is nog steeds haar manager. Hij regelt alles. Zonder hem had Beyoncé misschien nooit zoveel bereikt. Als dank zong Beyoncé op haar solo-cd een liedje voor hem. Het heet 'Daddy' (Pappie). Ze zingt daarin: 'Ik hoop dat ik later een zoon krijg die net zo is als mijn vader. En ik hoop dat ik een man vind die net zo is als mijn vader. Pappie, ik hou zoveel van je dat ik ga huilen als ik aan je denk.' (I want my unborn son/To be like my daddy/I want my husband to be like my daddy/Every time I think of you/I get emotional daddy).

House

Het gaat te ver om te zeggen dat housemuziek een
Nederlandse uitvinding is. Maar Nederlanders zijn er wel
altijd goed in geweest.

Het bijzondere van house is dat je het makkelijk in je
eentje kunt maken. Sinds het eind van de jaren tachtig
wordt house gespeeld op computers en andere
elektronische apparatuur. Bij house hoor je geen gitaar of
drumstel: alle klanken komen uit kastjes vol knoppen en
schuifjes.

House heeft meestal geen zang. Het ritme is snel en
wordt vaak vergeleken met de hypnotiserende ritmes
waar in Afrika sommige stammen op dansen. House is
dan ook om op te dansen en er zijn mensen die het
nachtenlang volhouden.

House ontstond in Amerika en waaide al snel over naar
Nederland. Dat die muziek ineens door iedereen
gemaakt werd, kwam doordat de apparatuur veel
goedkoper was geworden. Ooit waren synthesizers en
computers heel duur, maar eind jaren tachtig veranderde
dat. In Nederland kochten veel jongens een paar
synthesizers om muziek te maken op hun slaapkamer.
Daar kwamen soms grote hits uit voort.

Zoals vaker gebeurt bij een nieuwe muziekstroming
begon ook house zich al snel te vertakken. Je kreeg

gabberhouse (een Nederlandse uitvinding: snel en heftig),
hardhouse, trance, techno, ambient.
Kinderen vinden house ook leuk, daarom zijn er
houseversies te krijgen van allerlei kinderliedjes. Zoals
Smurfenhouse, Swiebertje-house en de house-uitvoering
van 'Kunt u mij de weg naar Hamelen vertellen, meneer'.

De dj

Bij house hoorde ook de opkomst van de diskjockey, de
dj.
Tot eind jaren tachtig was een dj gewoon iemand die
platen draaide achter in de discotheek. Maar toen house
kwam, en mensen nachtenlang wilden dansen op feestjes,
werd de dj steeds belangrijker. Zij werden de sterren van
de house.
De dj staat nu vaak op een verhoging midden in de
ruimte. Hij wordt behandeld als een vip en verdient veel
geld. Omdat house inmiddels over de hele wereld

populair is, draaien dj's hun platen overal. Nederlandse dj's als Tiësto, Marcello, 100% Isis en Joost van Bellen draaien soms iedere avond in een ander land. Dan staan ze bijvoorbeeld donderdagavond in Barcelona, vrijdag in Israël, zaterdag in Amsterdam en zondag in Londen. Ze hebben alleen een tas met kleren en een platenkoffer bij zich. Dat is heel wat minder dan de gemiddelde popgroep nodig heeft; die heeft kisten vol instrumenten, versterkers, lampen en soms ook decors. Weet je hoeveel vrachtwagens met apparatuur The Rolling Stones bijvoorbeeld bij zich hadden tijdens hun laatste tournee? Meer dan tachtig.

Het dubbelleven van Tiësto

Dj Tiësto is al een paar keer uitgeroepen tot beste dj van de wereld. Tiësto heet eigenlijk Tijs Verwest en hij komt uit Breda. Tijs begon al op jonge leeftijd met plaatjes draaien. Nu is hij vooral bekend als techno-dj. In het begin van house werden de feesten georganiseerd op ongewone plekken: in een kraakpand, een pakhuis, of zelfs buiten onder een viaduct. Nu reist Tiësto met zijn platenkoffer de wereld rond en draait in stadions voor soms honderdduizend mensen tegelijk. In zijn koffer zitten platen die andere mensen gemaakt hebben en platen die hij zelf maakte. Want behalve dj is Tijs Verwest ook muzikant. Zijn muziek doet denken aan een reis tussen de sterren. Zo weids klinkt de muziek.

Het gebeurt wel vaker dat dj's ook zelf muziek maken. Bijvoorbeeld de Nederlanders Speedy J en Ferry Corsten, de Amerikaan Armand van Helden en de Engelsman Paul Oakenfold.

Zo is Tijs dubbel beroemd: als dj Tiësto en als Tiësto de muzikant. Vroeger was Tijs pizzakoerier. Nu is hij in Amerika zo bekend dat hij altijd een bodyguard bij zich heeft. En hij reist rond met drie limousines: een voor zichzelf, een voor zijn manager en een voor zijn bodyguard.

De voorouders

Iedere popmuzikant is ooit begonnen als fan. Eminem houdt van Tupac, Beyoncé van Madonna, Madonna van Michael Jackson, en Michael Jackson van James Brown. Als belangrijkste popmuzikanten van vroeger kennen wij nu The Beatles, The Rolling Stones, Bob Marley en Bob Dylan. Maar ook zij hadden het niet allemaal zelf bedacht. Net als popmuzikanten nu zaten Bob Dylan, Paul McCartney, James Brown en Keith Richards ooit met hun oor tegen de speaker om goed te kunnen horen hoe hun idolen zongen en gitaar speelden. Ze luisterden naar oude blueszangers, naar soul of naar country-and-western. Daarom gaat dit hoofdstuk over de geboorte van de rock-'n-roll, en de muziek die daarna ontstond, zoals pop, reggae, soul en punk.

Country-and-western

Als iemand vraagt hoe rock-'n-roll ontstaan is, wordt vaak gezegd: uit het huwelijk van blues en country-and-western. Country-and-western, kortweg 'country' genoemd, is echte cowboymuziek. Want 'country' betekent platteland en 'western' slaat op het Wilde Westen van Amerika, waar Lucky Luke boeven ging vangen en waar cowboys het land afpakten van de indianen.

De cowboys maakten liedjes als ze 's avonds laat op het veld op de koeien moesten passen. Ze zaten bij het vuur met hun gitaar en zongen allerlei liedjes. Dat werden countryliedjes.

Country gaat over het bewerken van het land. Een van de beroemdste countryzangers was Johnny Cash. Toen Johnny een kleine jongen was, kweekte zijn vader katoenplanten. Een keer regende het zo hard dat de rivier overstroomde en alle planten verdronken. Daardoor was de oogst mislukt en had vader Cash geen geld voor eten. Johnny heeft daar toen een liedje over geschreven, dat hij later nog vaak heeft gezongen. Het heette 'Five Feet High And Rising' (Anderhalve meter hoog en nog steeds stijgend). Zo gaat het in de countrymuziek: iemand maakt iets mee in de natuur en schrijft er een liedje over.

De muziek klinkt meestal verdrietig doordat de zangers en zangeressen met een snik in hun stem zingen. Er wordt bovendien een speciale gitaar gebruikt, de 'steelguitar', die ook klinkt alsof hij een beetje huilt.

Countryzangers geloven vaak in God. De countryzangeressen speldden vroeger hun haar in grote knotten boven op hun hoofd. Want, zo beweerden ze, 'The higher the hair, the closer to God', oftewel: hoe hoger je haar, hoe dichter bij God.

De zangers dragen graag cowboyhoeden en cowboylaarzen, alsof ze ieder moment op hun paard kunnen springen. Maar tegenwoordig kunnen de meeste countryzangers niet eens paardrijden. Ze komen zelfs niet altijd van het platteland. Ze spelen country omdat ze het gewoon mooie muziek vinden. Je hoeft er niet eens Amerikaan meer voor te zijn. Denk maar aan Ilse DeLange, zij is Nederlandse.

Blues

Blues is een droevig soort muziek. De naam zegt het al, want in het Engels kun je zeggen: 'I'm blue' (Ik ben blauw), wat betekent dat je verdrietig bent. De blues is uitgevonden in Amerika, door arme zwarte landarbeiders. Zwarte mensen waren een paar eeuwen eerder uit Afrika gehaald om als slaven op de katoenplantages te werken. Sinds de Amerikaanse burgeroorlog, in de 19de eeuw, is de slavernij afgeschaft. Alle slaven werden vrijgelaten, maar de mensen bleven arm.
Om geld te verdienen bewerkten ze het land van rijke boeren. Als de arbeiders op de akkers bezig waren, zongen ze vaak een lied. Dat deden ze om de moed erin te houden. Iemand liep bijvoorbeeld met een zeis het graan te snijden en de beweging van die zeis werd het ritme bij de zang.

Dat ging ongeveer zo: 'Ik heb geen huis' – *woesh* (zegt de zeis), 'ik ben zo arm' – *woesh*. 'Mijn hond is dood' – *woesh*. 'Mijn buik die knort' – *woesh*. Enzovoort. Zo leerden de landarbeiders goed zingen.

Later gingen ze er ook gitaar bij spelen. Die gitaren maakten ze zelf door twee snaren tegen een huis te timmeren en daaraan te trekken. Dat klonk als 'plonk, plonk'. Muddy Waters, die later heel beroemd zou worden, is zo begonnen. Pas als ze met hun muziek wat extra geld hadden verdiend, kochten de blueszangers een echte gitaar. De manier waarop die vroege bluesmuzikanten gitaar speelden, werd later vaak nagedaan door andere muzikanten. Bijvoorbeeld door de gitaristen Jimi Hendrix, Eric Clapton en George Harrison.

Toen Muddy Waters in de jaren zestig eens optrad in Engeland was hij heel verbaasd: allerlei jonge gitaristen kwamen vragen of hij hun de blues wilde leren spelen.

De heupen van Elvis

De man die blues en country samensmolt tot rock-'n-roll, was Elvis Presley. Misschien waren er vóór hem ook al mensen die rock-'n-roll zongen, maar die werden er niet beroemd mee. Elvis wel.

De jonge Elvis hing vaak rond bij de kerk om te luisteren naar de blues van zwarte mensen. Hij luisterde ook graag naar country-and-western op de radio. Elvis wilde een ster worden, zodat hij geld kon verdienen om aan zijn arme ouders te geven.

Op een dag liep Elvis een studio binnen om een liedje op te nemen voor de verjaardag van zijn moeder. Hij zong eerst een rustig liefdesliedje, maar in de pauze probeerde hij iets anders: een snel en opwindend deuntje. De man van de studio, Sam Philips, hoorde het toevallig en wist meteen dat dit bijzonder was: een countrywijsje in een bluesritme.

Het liedje heette 'That's All Right' en het werd Elvis Presleys eerste hit.

Elvis was altijd nerveus voor optredens. Als hij op het podium stond wiebelde hij van de zenuwen met zijn benen. Gelukkig zag dat er leuk uit. De jonge meisjes werden wild als ze Elvis zo met zijn benen zagen zwaaien. Toen Elvis dat doorhad, deed hij er nog een schepje bovenop: hij wiebelde tot zijn broekspijpen ervan wapperden.

Maar de ouders van die jonge meisjes waren boos. Zij vonden het niet netjes dat iemand zo hard met zijn heupen schokte. Daarom werd er een afspraak gemaakt: als Elvis op tv kwam, mocht alleen zijn bovenkant in beeld, van zijn buik tot zijn voorhoofd. Wat daaronder gebeurde mochten de meisjes niet zien.

Elvis was de eerste popster van de geschiedenis. Hij had over de hele wereld hits met liedjes als: 'In The Ghetto', 'Heartbreak Hotel' en 'Jailhouse Rock'. Meisjes stonden

hem op te wachten en vielen flauw als hij gedag zei. Een
keer zag Elvis twee jongens een winkel beroven. Elvis
kwam uit zijn auto om ze tegen te houden. De boeven
waren zo verbaasd dat ze hun beroving vergaten. Ze
vroegen Elvis of ze met hem op de foto mochten.

Elvis woonde in een paleisachtig huis, hij droeg gouden
pakken versierd met edelstenen en gedroeg zich als een
verwende koning. Soms wilde hij bijvoorbeeld midden in
de nacht een Mercedes kopen. Als dat niet kon, werd hij
woedend.

Zijn optredens werden steeds vreemder. Soms viel hij in
slaap tijdens een concert, of deed hij een kwartier lang
karateoefeningen in plaats van te zingen. Intussen raakte
hij verslaafd aan drugs en werd dik van de bananen-
pindakaastosti's, zijn lievelingseten.

Dat Elvis zo beroemd kon worden, kwam doordat hij
precies op het goede moment een plaatje maakte. In de
jaren vijftig verdienden de meeste mensen meer geld dan
daarvoor. Ze konden eindelijk een ijskast kopen, een mooi
gasfornuis en een pick-up, om singles en lp's te draaien.
Kinderen kregen voor het eerst zakgeld. Daarvan kochten
ze singles, van Elvis bijvoorbeeld. En niet alleen in
Amerika, maar al snel ook in Engeland, Amsterdam en
zelfs in Japan. Zo ontstond er voor het eerst in de
geschiedenis een jeugdcultuur, de cultuur van jonge
mensen. Oftewel, alles wat jongeren leuk vinden om te
doen. Vroeger was dat popmuziek, sport, dansen, naar de
film gaan. Tegenwoordig hoort chatten op internet, sms'en
en Playstation er ook bij.

Op zijn 42ste overleed Elvis Presley aan een uitgeput
lichaam. Hoewel hij nu al bijna dertig jaar dood is, zijn er
nog steeds mensen die denken dat ze Elvis ergens zien. Ze

zien hem een hamburger eten bij McDonald's, of hij loopt ergens te winkelen. Die mensen zijn zulke grote fans van Elvis, dat ze niet willen geloven dat hij er niet meer is.

Het lange haar van The Beatles

Eind jaren vijftig wilde iedereen van zeventien muziek maken. Dat kwam door Elvis.
In Liverpool, Engeland, kwamen John Lennon en Paul McCartney elkaar tegen in de bus naar school. Het was 1957. Paul had een stapel platen onder zijn arm die John ook goed vond. Ze praatten samen over de blues en probeerden een keer muziek te maken. John speelde gitaar en Paul speelde basgitaar. Ze oefenden samen met George Harrison (gitaar) en Ringo Starr (drums) en noemden zich The Beatles. Die naam was een combinatie van de Engelse woorden *beetle* (kever) en *beat* (ritme).
The Beatles speelden vooral liedjes van Chuck Berry, Bo Diddley en Howlin' Wolf. Maar niemand vond ze erg goed.
Om geld te verdienen reisden ze naar Hamburg, waar ze drie keer per dag speelden voor verveelde matrozen. Het

was een zware tijd, maar door zoveel te spelen leerden The Beatles hoe ze een publiek moesten vermaken. Ze stonden niet zomaar wat te spelen, ze zorgden voor afwisseling. John en Paul zongen om de beurt en de anderen deden de achtergrondkoortjes. Van The Beatles komen al die kreten die nog steeds bij popmuziek horen, zoals 'Yeah yeah yeah', 'Oeoeoeh' en 'Aaaah'. Dat zongen ze een beetje hoog, terwijl ze hun hoofden heen en weer schudden en hun haar rondvloog. Terug in Engeland kregen ze eindelijk hun eerste hit met het liedje 'Please, Please Me'. Daarna gebeurde er iets wat later nooit meer is gebeurd: iedereen, over de hele wereld, vond The Beatles goed. John Lennon en Paul McCartney schreven liedjes die zo vrolijk, mooi en grappig waren dat bijna alle mensen hun platen wilden hebben. Liedjes van The Beatles zijn als ijs: je kent bijna niemand die er niet van houdt.

John, Paul, George en Ringo hadden nog iets bijzonders: haar tot op hun oren. Het haar van de meeste jongens was in die tijd ongeveer een centimeter lang. Door The Beatles werd lang haar mode. Elke jongen die van The Beatles hield, liet zijn haar groeien.

Zo ontstond de Beatle-gekte. Als meisjes The Beatles ergens zagen, gingen ze gillen en huilen en trokken ze aan de haren van John, Paul, George en Ringo. De politie moest er dan aan te pas komen om The Beatles te bevrijden. Toen The Beatles een keer in Amsterdam waren, maakten ze een tochtje door de grachten in een rondvaartboot. De fans sprongen in het water om dichtbij ze te komen. Je kon allerlei spullen kopen met plaatjes van de vier Beatles erop: servies, lakens, tasjes of panty's. Gewone concertzalen werden te klein voor de optredens van The Beatles. Zij traden op in voetbalstadions. Daar pasten wel honderdduizend jongens en meisjes in, die allemaal stonden te schreeuwen van opwinding. Dat geschreeuw was zo hard dat je de muziek van The Beatles bijna niet meer kon horen.

The Beatles stopten in 1970 omdat ze genoeg kregen van de Beatles-gekte en steeds ruzie met elkaar hadden.

The Beatles hebben dertien cd's gemaakt. Ook nu nog wordt ernaar geluisterd, zelfs door mensen die nog niet eens geboren waren toen The Beatles bestonden. Geen band heeft zo veel invloed gehad op andere muzikanten. Hun liedjes, zoals: 'Yesterday', 'Hey Jude', 'Strawberry Fields Forever', worden nog steeds overal gedraaid. Als je vandaag de dag aan een nieuwe popmuzikant vraagt op wie hij wil lijken, is de kans groot dat hij zegt: 'The Beatles.'

Het nog langere haar van The Rolling Stones

The Rolling Stones komen ook uit Engeland. Er werd vaak gezegd dat ze op de vieze broertjes van The Beatles leken. De muziek van de Stones was ruiger, hun kleren waren slordiger, hun haren langer. Zanger Mick Jagger en gitarist Keith Richards hielden zo van de muziek van bluesgitarist Muddy Waters dat ze hun band naar Muddy's liedje 'Rollin' Stone' noemden.

The Rolling Stones stonden bekend om hun wilde concerten. Het publiek raakte soms zo door het dolle heen dat ze de stoelen sloopten. Dat gebeurde ook tijdens een beroemd optreden van de Stones in het Kurhaus in Den Haag. Al na zes minuten moest de politie het concert beëindigen. Alle stoelen waren kapot.

Toen ze net bestonden dachten Mick en Keith dat ze zelf geen nummer konden bedenken. Op een dag sloot hun manager ze op in de keuken en hij zei: 'jullie mogen er pas weer uit als je een liedje hebt bedacht. Dat werd 'Tell Me (You're Coming Back)'. Mick en Keith schreven daarna achter elkaar de mooiste nummers, zoals 'Paint It Black', 'Satisfaction', en 'Angie'. Mick zingt ze met een enigszins gemene stem en Keith kan heel goed knapperige gitaarsolo's spelen.

The Rolling Stones bestaan nu al meer dan veertig jaar. In die tijd hebben ze wel eens van muzikant gewisseld, maar Keith, Mick en drummer Charlie Watts zitten er nog steeds in. Ze hebben zo'n twintig cd's gemaakt. Toen de Stones wat ouder werden, werd de muziek rustiger. Ook de optredens zijn tegenwoordig minder wild. Elke paar jaar doen de Stones een tournee rond de wereld. Ze geven grote concerten in voetbalstadions en de concerten zijn altijd uitverkocht. In het publiek staan veel oudere fans samen met hun kinderen te kijken.

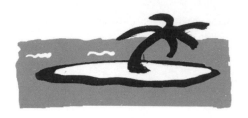

De dreadlocks van Bob Marley

Bob Marley woonde op het eiland Jamaica in het
Caribisch gebied. Toen Marley 14 jaar was liep hij weg
van huis om in Kingston, de hoofdstad van het eiland,
muziek te gaan maken. Begin jaren zestig vond hij samen
met vrienden een muzieksoort uit: de reggae. Op Jamaica
is het heel warm en vochtig. Reggae past daarbij, want
die muziek is langzaam en zwoel.

Net als veel andere Jamaicanen was Bob Marley een
rasta: hij geloofde niet in Jezus maar in Jah, en hij at geen
vlees. Bovendien mogen rasta's hun haar niet knippen. Als
je je haar niet knipt en niet wast, gaat het na een tijdje
samenklitten. Het worden dikke strengen die eruitzien als
rafelig touw. Rasta's noemen dat dreadlocks en daaraan
kun je ze altijd herkennen.

In de jaren zeventig werden Bob Marley en zijn band, The
Wailers, over de hele wereld beroemd. Ze hadden hits als
'No Woman No Cry', 'One Love' en 'Redemption Song'
en traden op in grote concertzalen. De mensen die
helemaal achter in zo'n zaal stonden, konden alleen
Marleys dreadlocks zien die als de armen van een octopus
om zijn hoofd zwaaiden.

Bob Marley zong over de problemen van arme zwarte
mensen in Jamaica. Hij was tegen de regering die niets

voor arme mensen deed en hij probeerde te bedenken hoe het beter kon worden. In zijn liedjes moedigde hij mensen aan om in opstand te komen. De politici in Jamaica waren boos op hem, want hij bemoeide zich met hun zaken. In 1976 werden Bob, zijn vrouw en een paar vrienden beschoten door een paar overvallers. Marley overleefde de aanslag op het nippertje. Niemand wist wie erachter zat, maar Marley zelf dacht dat het de politici waren.

Bob Marley overleed in 1981 aan kanker. Hij was inmiddels erg rijk geworden door alle platen die hij verkocht in Jamaica, maar ook in Europa en Amerika. Marley gaf veel van zijn geld aan mensen die het nodig hadden. Hij kocht wel een mooie auto voor zichzelf: een BMW. Als mensen vroegen waarom hij in een BMW reed, zei hij: 'Omdat het een afkorting is van Bob Marley & the Wailers'.

De elektrische gitaar van Bob Dylan

Als jongen wilde Bob Dylan folkzanger worden. Folk is volksmuziek. De liedjes gaan over het harde leven op het platteland en worden gespeeld op een akoestische gitaar, dus zonder versterker. Daardoor klinkt het niet hard, maar je kunt overal spelen: bij het kampvuur, op een straathoek, in een café.

Bob Dylan werd al snel beroemd met zijn folkliedjes. Maar Dylan was ook liefhebber van rock-'n-roll. Dat klinkt nu heel logisch. Maar in die tijd was er ruzie tussen de mensen die akoestisch speelden en zij die elektrisch versterkt speelden. Bob Dylan trok zich er niets van aan. Toen hij een keer optrad op een groot folkfestival, speelde hij eerst zijn akoestische liedjes. Na de pauze kwam hij terug met een band: met nog meer gitaren, drums en een basgitaar. De muzikanten staken hun snoer in de versterkers en begonnen knetterend hard te spelen.

Toen gebeurde er iets wat Bob Dylan nog nooit had meegemaakt: hij werd bekogeld met stenen en werd uitgescholden. De folkfans waren boos.

Maar de liefhebbers van elektrische gitaren waren blij. Bob Dylan werd nog beroemder dan hij al was. Vooral omdat hij zong over de toestand in de wereld. In de jaren zestig, toen Dylan bekend werd, veranderde de samenleving. Jonge mensen wilden meer vrijheid en begonnen zich met alles te bemoeien. Ze vonden dat de maatschappij was vastgeroest. Daarom lieten ze hun haren heel lang groeien en staken een joint op. Bob Dylan zong daarover. Hij had een lied dat 'The Times They Are A-Changin'' heette (De tijden veranderen). Dat was precies wat de mensen wilden horen.

Dylan heeft een bijzondere stem. Volgens sommigen klinkt hij als een verkouden schaap, volgens anderen klinkt hij bozig. In ieder geval is hij altijd een beetje plagerig in liedjes als 'Just Like A Woman', 'Blowin' In The Wind' en 'Mr. Tambourine Man'. Ook als Dylan een

liefdesliedje zingt als 'I Want You' (Ik wil jou), denk je dat
hij een grapje maakt.
De laatste jaren maakt hij bijna geen cd's meer, maar hij
geeft wel veel concerten. Zelfs zo vaak dat hij zijn
tournee 'The Neverending Tour' (De eeuwigdurende
tournee) noemt. Steeds reist Dylan van land naar land,
stad naar stad, zaal naar zaal.
Als Bob Dylan nu nog leeft, treedt hij vanavond weer
ergens op.

De bloemen van de hippies

De hippiebeweging ontstond eind jaren zestig, begin
jaren zeventig. Hippies hielden van bloemen, muziek en
vrede. Ze lieten zien dat ze anders waren dan anderen
door hun haar niet te knippen. De hippiebeweging
begon in Amerika en sloeg later over naar Europa.
Hippies droomden van een veilige, vriendelijke wereld.
Ze waren wereldverbeteraars. Dat idee van een betere

wereld hoorde je ook in de muziek van die tijd. Veel muzikanten, zoals Bob Dylan, The Grateful Dead en The Beatles, maakten er liedjes over. Hippies vonden dat het leven niet alleen moest draaien om geld of een goede baan. Ze vonden dat mensen meer van elkaar moesten houden. 'All You Need Is Love' zongen The Beatles, oftewel 'Liefde is het enige wat je nodig hebt'. Veel oudere mensen waren het er niet mee eens. Zij noemden de hippies langharig tuig.

Ondertussen veranderde er wel van alles. Vrouwen wilden niet alleen maar moeder zijn en zochten een baan. Mensen demonstreerden op straat voor gelijke rechten voor alle mensen. Beatle John Lennon ging met zijn bruid Yoko Ono een paar dagen in bed liggen in het Hilton Hotel in Amsterdam uit protest tegen de Vietnamoorlog, die toen bezig was. Een 'bed-in' noemde hij dat.

In die tijd werden ook de popfestivals uitgevonden. Een van de eerste popfestivals heette Woodstock. In het plaatsje Woodstock, in Amerika, kwamen zo'n honderdduizend hippies bij elkaar om drie dagen lang te kijken en te luisteren naar Janis Joplin, The Who, Neil Young en anderen.

Hippies noemden zichzelf ook wel bloemenkinderen, omdat ze graag bloemen in hun haar staken. De hoofdstad van de hippiebeweging was San Francisco. Daar is een beroemd liedje over gemaakt: 'San Francisco (Be Sure To Wear Some Flowers In Your Hair)'. De tekst was: 'Als je naar San Francisco gaat, zorg dan dat je bloemen in je haar hebt' ('If you're going to San Francisco/be sure to wear some flowers in your hair').

Het zweet van James Brown

Terwijl The Beatles in Engeland de popmuziek
uitvonden, ontstond in Amerika de soul. Soul ken je
misschien wel van Otis Redding, Sam Cooke, The
Supremes, Marvin Gaye en Aretha Franklin. Al deze
zangers zijn zwart en dat is geen toeval. Soul is ontstaan
in kerken in Amerika, waar zwarte mensen samen
zongen voor Jezus. Dat soort liederen noem je gospel.
Gospelliederen gaan over de liefde en de steun die Jezus
je kan geven.
Veel mensen leerden mooi zingen in de kerk en
sommigen wilden ook buiten de kerk zingen. Dan
zongen ze dezelfde liedjes, maar in plaats van over Jezus
gingen ze over 'you'. Dus niet 'Hij is geweldig', maar 'Jij
bent geweldig'.
Een van de beroemdste soulzangers is James Brown. Hij
begon als gospelzanger, maar moest nog bijklussen als
autowasser. Tot hij de soul-zonder-Jezus ontdekte. Daarna
gingen zijn liedjes over leuke meisjes en snelle auto's.
Toen James Brown beroemd was en over de hele wereld
ging optreden, kreeg hij de bijnaam 'De hardst werkende
man in showbusiness', omdat hij tijdens zijn concerten
razendsnel danste en ondertussen nog zong ook. Een van
zijn liedjes heette 'I Got Ants In My Pants' (Ik heb
mieren in mijn broek) en zo bewoog hij ook: alsof er iets

vreselijk kriebelde aan zijn benen. Hij sprong, draaide, schudde en viel in spagaat als een balletdanser.

Hij rende zo vaak heen en weer over het podium dat hij minstens één paar schoenen per optreden versleet. En hij zweette zo erg dat er speciaal iemand op het podium stond om tussen de nummers door zijn gezicht droog te deppen.

In de jaren zestig werden zwarte mensen in Amerika gediscrimineerd. Ze moesten naar speciale scholen en mochten niet voor in de bus zitten. James Brown maakte er een lied over. Het heette 'I'm Black And I'm Proud' (Ik ben trots dat ik zwart ben). Het nummer werd een populaire spreuk onder zwarte mensen.

Na twintig jaar hard werken maakte James Brown bijna geen muziek meer. Maar toen hiphop werd uitgevonden, hoorde je hem ineens weer vaak. Veel hiphoppers gebruikten namelijk stukjes uit zijn nummers als sample in hun muziek: zijn drums of een van zijn kreten. Zo kregen liedjes als 'Sex Machine', 'Hot Pants' en 'Papa's Got A Brand New Bag' een tweede leven.

De veiligheidsspelden van Johnny Rotten

Punk werd midden jaren zeventig in Engeland geboren uit ontevredenheid. Punks hadden geen werk en geld. Bovendien vonden ze de muziek van die tijd saai en ingewikkeld.

Voor punk hoef je maar drie akkoorden (grepen op je gitaar) te kennen om een liedje te kunnen maken. De snelle simpele nummers van de punkgroepen waren een reactie op de muziek van anderen. Liedjes van Led Zeppelin, Pink Floyd en Procol Harum duurden soms wel tien minuten omdat ze lange en ingewikkelde gitaar- en drumsolo's in hun muziek stopten. Punks waren daar tegen. Een liedje mocht niet langer dan twee minuten duren en solo's waren verboden.

Punks lieten mensen graag schrikken. Ze verfden hun haar roze of groen en smeerden er zeep in totdat het rechtop stond. Ze trokken scheuren in hun kleren en maakten die met veiligheidsspelden weer dicht. Hun gezichten waren bleek met zwarte make-up zodat ze eruitzagen als dracula. En, heel belangrijk, een beetje punk stak een veiligheidsspeld door zijn wang.

De piercing was toen nog niet uitgevonden, dus als je een punk zag met een veiligheidsspeld door zijn wang geprikt, was dat verrassend.

Punks schreven teksten op de muren en op hun kleren, zoals NO FUTURE! (GEEN TOEKOMST) of DESTROY! (VERNIETIG!).

De belangrijkste punk was Johnny Rotten van de band The Sex Pistols. Johnny Rotten droeg een T-shirt met DESTROY! erop, hij had een veiligheidsspeld door zijn wang en hij zong liedjes als 'Anarchy in the UK', 'Pretty Vacant' en 'God Save The Queen'.

Jonge mensen die The Sex Pistols zagen optreden werden vaak zelf punk. Ze begonnen ook een band, want ze zagen dat muziek maken niet zo moeilijk was. Die nieuwe groepen hadden echte punknamen, om mensen mee op de kast te jagen: The Stranglers (De wurgers),

The Damned (De vervloekten).
Als The Sex Pistols in hun oude bestelbus door het land
reden om optredens te geven, ging er van alles mis. De
concerten werden verboden omdat burgemeesters bang
waren voor vernielingen. Of ze werden in elkaar
geslagen door mensen die antipunk waren.
The Sex Pistols waren al uit elkaar voor hun eerste lp in
de winkel lag. Ze waren toen op tournee in Amerika,
waar Johnny Rotten zo'n ruzie met bassist Sid Vicious
kreeg dat hij uit de band stapte en terugvloog naar
Engeland. Sid Vicious was verslaafd aan heroïne. Sid
vertrok naar New York, waar hij een paar jaar later
overleed aan een overdosis drugs.
Het leek erop dat punk dood was toen The Sex Pistols
uit elkaar gingen. Maar er komen ook vandaag nog
altijd nieuwe punkgroepen bij. Ze heten Green Day,
Good Charlotte, Blink 182 of Sum 41.

Het Nederlands van Doe Maar

Nederland had ooit zijn eigen Beatles, de groep Doe
Maar. Bij de concerten van Doe Maar, begin jaren
tachtig, vielen meisjes bij bosjes flauw van opwinding en

de warmte. Ze gilden zo hard dat je de muziek bijna niet kon horen, en als Ernst Jansz, Henny Vrienten, Jan Hendriks en Jan Pijnenburg ergens aankwamen, stonden groepen meisjes daar al uren te wachten voor een handtekening.

Iedereen in Nederland vond Doe Maar leuk. Niet alleen omdat ze knap waren en vrolijke liedjes speelden met het reggae-ritme van Bob Marley, maar ook omdat ze in het Nederlands zongen. Dat hadden een paar mensen daarvoor ook al gedaan, zoals Peter Koelewijn in zijn rock-'n-rollnummer 'Kom van dat dak af', maar de meeste Nederlanders zongen toch in het Engels. Dankzij Doe Maar merkten de mensen dat het leuk is om een liedje zomaar te kunnen verstaan. Zeker als die liedjes ook echt ergens over gáán, zoals die van Ernst Jansz en Henny Vrienten. Zij hadden het bijvoorbeeld over de zin van het leven ('Is dit alles'), angst voor de bom ('De bom') en over verveling ('Doris Day').

De hoezen van hun lp's waren vaak roze met groen, net als de Doe Maar-T-shirts. In die tijd droegen zo veel mensen zo'n T-shirt dat het leek alsof niet oranje maar knalroze onze nationale kleur was.

Doe Maar stopte er na een paar jaar al mee. Net als The Beatles kregen ze genoeg van de grote mensenmassa's en de opgewonden toestanden die ze overal tegenkwamen. Daarna gingen veel muzikanten ineens in het Nederlands zingen. Brainpower en Marco Borsato noemen Doe Maar als hun voorbeeld. Want Doe Maar liet horen dat ook Nederlands een poptaal kan zijn.

Waar gaat het liedje over?

Vraag je je wel eens af waar een liedje over gaat? De meeste popsterren zingen in het Engels, waardoor hun liedjes voor Nederlanders vaak moeilijker te volgen zijn dan voor mensen uit Engelstalige landen.

Sommige mensen kan het niet schelen waar een nummer over gaat, als je het maar kunt meezingen onder de douche, vinden ze. Toch kun je ook van een liedje houden omdat je de tekst zo goed vindt. En soms kun je er iets van opsteken. Zo zong de Engelse liedjesschrijver Elvis Costello ooit: 'Goede manieren en slechte adem, daar heb je niets aan' (Good manners and bad breath get you nowhere). Ah, denk je dan, dat moet ik onthouden. Liedjes zijn vaak kleine verhaaltjes. Helaas kun je ze niet altijd meteen verstaan, omdat de zangers Engels zingen en nog snel ook.

Liedjesschrijvers vinden het bovendien leuk om het extra moeilijk voor ons te maken. Dat doen ze met twee dingen: geheimtaal en codewoorden.

Geheimtaal

Geheimtaal zijn woorden en uitdrukkingen die de
muzikanten en hun vrienden onder elkaar gebruiken.
Het soort woorden dat je gebruikt hangt af van de
mensen met wie je omgaat. Op de ene school zeggen alle
kinderen 'gaaf' als ze 'leuk' bedoelen, op een andere
school zeggen ze 'vet' of 'cool'.
In New York zeggen veel rappers 'bad' als ze iets goed
vinden. Dat is verwarrend, want volgens het
woordenboek betekent bad juist slecht. Zo rapte LLCoolJ
ooit: 'I'm bad.' Hij bedoelde: 'Ik ben geweldig.'

Zelfs als een lied in het Nederlands is, kan het lastig zijn
om het te verstaan. Bijvoorbeeld als de zanger in een
dialect zingt, zoals bij de groep Normaal. Normaal komt
uit de Achterhoek en hun liedjes zijn in het Achterhoeks.
Dat begrijpen mensen uit Groningen niet zomaar. Het
belangrijkste woord bij Normaal is 'høken', dat betekent
'lol maken door met bier te gooien'. Moet je ook maar
net weten.
Nederlandse rappers maken er helemaal een potje van.
Zij bedenken allerlei eigen woorden door het Engels te
vernederlandsen. Dan krijg je 'Neder-Engels'. Denk maar
aan de Nederlands-Marokkaanse rapper Raymzter. Zijn
eerste hit heette 'Kutmarokkanen!?' – dat begrepen de
meeste mensen nog wel. Maar later zong hij liedjes met
zinnen als: 'Ik maak liever een wandeling met peeps van

way back.' 'Peeps van way back' is een typisch geval van Neder-Engels. 'Peeps' komt van het Engelse woord 'people' en betekent hier 'vrienden'. 'Way back' is 'langgeleden', dus het betekent 'oude vrienden'.
Zo is Raymzter behalve een rapper ook een taaluitvinder. Peeps van way back – als hij dat maar vaak genoeg zegt, gaan wij het ook doen. Zo gaat dat met taal.

vriend

Codewoorden

Er zijn dingen waar popmuzikanten geheimzinnig over doen. Seks en drugs bijvoorbeeld. Over seks praten mensen niet makkelijk omdat ze preuts zijn. Over drugs praten ze niet omdat drugs eigenlijk verboden zijn.
Om het er toch over te kunnen hebben, gebruiken muzikanten zelf bedachte codewoorden. In plaats van drugs zeggen ze bijvoorbeeld 'candy' (snoep) of 'sugar' (suiker), omdat drugs een soort verboden snoepgoed zijn voor volwassenen.
Voor seks zijn minder codewoorden, waarschijnlijk is seks iets minder verboden dan drugs. In plaats van seks of vrijen zeggen popmuzikanten vaak 'het doen'.
Zo is er een liedje van de groep The Bloodhound Gang, 'The Bad Touch'. Ze zingen in het Engels: 'Jij en ik,

schatje, we zijn gewoon zoogdieren. Dus laten we het doen, zoals zij het doen op Discovery Channel'. (You and me baby ain't nothin' but mammals/ So let's do it like they do on the Discovery Channel).

Je begrijpt wel wat 'het' hier betekent.

Of ze zingen 'Let's rock-'n-roll': laten we rollebollen. Of 'Do the shake': schud me stevig door elkaar. Of 'Shake Ya Tailfeather': schud eens met je staartveren. Als je Nelly en P.Diddy zoiets hoort roepen, zoals onlangs in een liedje, bedoelen ze waarschijnlijk: 'Druk je billen tegen me aan'. Popmuzikanten hebben veel fantasie bij het bedenken van codewoorden.

De laatste twintig jaar hebben hiphoppers een heel woordenboek bij elkaar gefantaseerd. Veel hiphopwoorden hebben te maken met de omgeving waar de rappers zijn opgegroeid. Zo hebben ze het over de 'hood' (afkorting van neighbourhood), dat betekent buurt; de buurt waar je woont. In die buurt wonen ook de 'homies' (vrienden) en je noemt elkaar 'bro', de afkorting van brother (broer).

Je hebt vrienden maar ook vijanden. Daarom hebben veel rappers een pistool. Maar over wapens mag je in Amerika niet zomaar praten. Wapens zijn er net zoiets als drugs en seks. Rappers hebben daar dus andere woorden voor bedacht. In zijn liedje 'My Buddy' (Mijn maatje) rapt 50 Cent: 'Zeg eens hoi tegen mijn kleine vriend' (Say hello to my little friend).

Met 'kleine vriend' bedoelt hij zijn pistool.

Dus als 50 Cent rapt 'Zeg eens hoi tegen mijn kleine vriend', dan houdt hij op dat moment een pistool onder je neus.

Dat is lang niet zo gezellig als het eerst leek.

Geliefde onderwerpen 1: liefde

De meeste popliedjes gaan over liefde: over verliefd zijn, trouwen of een gebroken hart. En dan zijn er nog alle liedjes over onderwerpen die met liefde samenhangen: geluk, seks, jaloezie, overspel. We zagen al dat 'jij' en 'ik' de meest voorkomende woorden zijn in de popmuziek, omdat ik met jou wil zijn. Maar vaak gaat het mis. Daarom zijn er behalve ontelbare liedjes die 'I Love You' (Ik hou van je) heten, ook ontelbare liedjes met titels als 'Love Hurts' (Liefde doet pijn) of 'You Left Me' (Jij verliet me).

Er zijn zelfs meer liedjes over de liefde dan je denkt. Ook liedjes die op het eerste gezicht over iets heel anders lijken te gaan, over afgedankte honden of lege huizen, gaan toch over de liefde. Dan is die hond of het huis een beeldspraak voor hoe ellendig de ik-persoon zich voelt. Zo heb je de liedjes-over-liefde die je makkelijk herkent, die gewoon 'I Want You' (Ik wil jou) heten of 'I Miss You' (Ik mis je). En je hebt liedjes waarin de liefde als onderwerp verstopt zit. Zo was er eens een zangeres, Donna Summer, die een heel aangrijpend nummer zong over een taart. Ze was vreselijk van streek, want die taart stond per ongeluk buiten in de regen in het park en nu was hij helemaal verpest. Ze had er nog wel zo lang over gedaan om hem te maken, en het recept was ook al kwijt.

Behalve dat het raar is om een taart buiten in de regen te laten staan, is het ook raar om daar zo ontdaan over te zijn. Gaat dit liedje wel echt over een taart? Waarschijnlijk niet. Waarschijnlijk gaat dit liedje, 'Mac Arthur Park', over Donna Summers huwelijk dat daarbuiten ligt te verpieteren. En ze weet niet hoe ze het goed moet maken. Dáár is ze verdrietig om.

Dat is de truc: als je niet begrijpt waar een zanger of zangeres het over heeft, dan vul je in gedachten in plaats van taart, hond of huis gewoon hart, seks of liefde in. Meestal wordt het dan wel duidelijk.

Geliefde onderwerpen II: geld

Veel liedjes gaan over geld, want net als de meeste mensen houden popmuzikanten erg van geld. Als popmuzikant kun je rijk worden en het is natuurlijk grappig als je dat wordt door een liedje te zingen over geld. Dat is wel eens voorgekomen, bijvoorbeeld met het nummer 'Money (That's What I Want)' van The Beatles. Ze zongen: 'Jouw liefde maakt me blij en puur, maar je liefde betaalt niet de huur. Geef me geld! Dat is wat ik wil!' (You're lovin' gives me a thrill/But you're lovin' don't pay my bills/Now give me money/That's what I want.)

Nou, dat is The Beatles wel gelukt.

Dat popmuzikanten vaak over geld zingen komt doordat ze meestal arm zijn als ze net beginnen.

Stel je maar eens voor: je wilt muzikant worden. De hele dag zit je in de oefenruimte, om samen met andere muzikanten liedjes te bedenken. Als je geluk hebt is er een platenmaatschappij die zegt: 'Jij mag een cd maken.' Als die cd eindelijk in de winkel ligt, zit jij ondertussen thuis te hopen dat de radio je liedje draait en dat de mensen naar de winkel hollen om jouw cd te kopen. Want dat is het moment waarop je eindelijk geld gaat verdienen. Tot dan heb je alleen droog brood of pasta gegeten.

Zo ging het ook met een van de beroemdste popgroepen ter wereld: The Rolling Stones. Voor ze bekend werden woonden de vier Stones met zijn allen in één kamer, in Londen. Ze hadden geen verwarming. Het was er erg rommelig en de muren waren een beetje groen, omdat gitarist Brian Jones er altijd zijn snot op smeerde. Ze aten iedere dag aardappels. De ene dag gekookt, de andere dag gebakken.

Tegenwoordig horen de Stones bij de rijkste mensen van de wereld (behalve Brian Jones, die is al lang dood). Ze hebben hun eigen vliegtuigen en zeilschepen, bezitten privé-bibliotheken en zelfs eilanden. Ze kunnen iedere dag eten wat ze willen.

De Zweedse groep ABBA zong ook een beroemd liedje over geld: 'Money, Money, Money'. Ze werden er steenrijk mee.

Soms loopt het minder goed af. Zo maakte de Amerikaanse zangeres Gwen Guthrie ooit een nummer over de huur. Ze zocht een man die de huur kon betalen, zong ze. Want: 'Niets is gratis in dit leven/Ik heb veel liefde te geven/Maar als je werkeloos bent/wil ik niet met je praten.' (Boy, nothin' in life is free/I got lots of love to give/ But I will have to avoid you if you're unemployed) Niet erg romantisch dus, deze Gwen. Ze is er dan ook niet rijk van geworden. Na dit liedje hebben we niets meer van haar vernomen.

Geliefde onderwerpen III: gescheiden ouders

Sinds popmuziek zo'n vijftig jaar geleden ontstond, zijn scheidingen tussen ouders steeds gewoner geworden. Toen popmuziek nog jong was, werd er maar weinig gescheiden en dus ook niet veel over gezongen. Langgeleden had de countryzangeres Tammy Wynette een beroemd liedje dat 'D-i-v-o-r-c-e' (E-c-h-t-s-c-h-e-i-d-i-n-g) heette. Tammy spelde de letters omdat ze niet wilde dat haar zoontje van vier begreep dat zijn ouders uit elkaar gingen. Zo ongewoon was scheiden toen nog. Inmiddels kent iedereen het verschijnsel. Veel popsterren hebben zelf gescheiden ouders en daarom hoor je er ook meer liedjes over.
Die liedjes zijn meestal boos en droevig tegelijk. Pink, de stoere zangeres met de paarse hanenkam, noemde haar gescheiden-oudersliedje 'Family Portrait' (Familieportret). Het is eigenlijk een gebroken-familieportret.
Pink beschrijft allerlei dingen die bij een scheiding komen kijken. Het lijkt alsof ze voorleest uit een dagboek van

toen ze zeven was. 'Ik wil niet de vakanties in tweeën hoeven delen/Ik wil niet twee adressen/Ik wil geen stiefbroertje/Ik wil niet dat mama een andere achternaam krijgt,' zingt ze (I don't wanna have to split the holidays/I don't want two addresses/I don't want a step-brother anyways/And I don't want my mom to have to change her last name). Pink was boos op iedereen: op haar moeder omdat ze zoveel huilde, op haar vader omdat hij haar moeder aan het huilen maakte en op zichzelf omdat ze stiekem dacht dat het allemaal door haar kwam. Als zij wat braver werd, kwam het misschien nog goed: 'Ik beloof dat ik liever zal zijn/papa, blijf alsjeblieft bij ons.' (I promise I'll be better/Daddy please don't leave.)

De vader van de Nederlandse zangeres Anouk ging bij haar moeder weg toen ze nog een baby was. Ze heeft hem nooit meer gezien. Nu is Anouk een beroemde zangeres. In het liedje 'It Wasn't Me' stelt ze zich voor dat haar vader naar haar kijkt op tv. 'En wat voel je dan,' zingt ze, 'als je me ziet zingen op tv? Door mijn tranen heen. Tranen van langgeleden, toen jij ons al die ellende aandeed.' (Can you tell me how you feel/When you turn on your tv/When you see me singing through my tears/I've saved up all these years.)

Eminem heeft meegemaakt dat zijn vader het gezin verliet, en zelf is hij gescheiden van Kim, de moeder van zijn dochter Hailie. Eminem weet er dus alles van. In een van zijn liedjes, 'Cleaning Out My Closet', rapt hij: 'Ik was een baby, van een paar maanden oud. Mijn verdomde vader smeerde hem. Ik vraag me af of hij me een afscheidskus gaf. Of nee, eigenlijk hoop ik alleen maar dat hij hartstikke dood is. Als ik naar Hailie kijk,

kan ik me niet voorstellen dat ik haar in de steek zou laten. Zelfs als ik Kim zou haten, zou ik m'n tanden op elkaar bijten en aardig doen, omdat het beter is voor Hailie.' (I was a baby, maybe I was just a couple of months/My faqqot father, he split/I wonder if he even kissed me goodbye/No, I don't on second thought, I just fuckin' wished he would die/I look at Hailie and I couldn't picture leavin' her side/Even if I hated Kim, I grit my teeth and I'd try to make it work with her at least for Hailie's sake)
Hij heeft er dus wel iets van geleerd.

Geliefde onderwerpen IV: regen

In popliedjes wordt vaak gezongen over het weer. Dat klinkt raar, want wat is er nou leuk aan het weer? Daar kun je toch geen opwindend nummer over bedenken? Veel muzikanten vinden blijkbaar van wel. Er zijn letterlijk honderden liedjes gemaakt die 'Rain' (Regen) heten. Van The Beatles tot Madonna en Missy Elliott, ze hebben allemaal zo'n liedje gezongen. En dan heb je nog nummers als 'Rain Down On Me' van Kane, 'Let It Rain' van Cypress Hill en het beroemde 'I Wish It Would Rain' (Ik wou dat het regende) van Gladys Knight & The Pips.

Weet je waarom Gladys Knight graag wil dat het regent?
Ze is droevig omdat haar man haar heeft verlaten.
Regen past goed bij een grijs humeur. Denk maar aan
de regendruppels die als tranen langs het raam biggelen.
'Why Does It Always Rain On Me?' (Waarom regent het
altijd juist op mij?) zong de zanger van de Engelse groep
Travis. 'Ik heb ook altijd pech', wilde hij daarmee
zeggen.
Dus als mensen over regen zingen, zingen ze eigenlijk
over verdriet. En als iemand over de zon zingt, bedoelt hij
waarschijnlijk dat hij gelukkig is.
Er was ooit een liedje met de titel 'It's Raining Men' (Het
regent mannen). Het werd gezongen door een paar
vrouwen die zich The Weather Girls (De weermeisjes)
noemden. Hun regen was voor de verandering eens niet
nat en vervelend. Hier vielen mannen uit de lucht. Leuke,
knappe mannen! Dit liedje was een wensdroom.

Hoe maak je popmuziek?

De simpelste popgroep heeft drie leden. Ze spelen bas,
gitaar en drums, en eentje zingt.
Er kan nog van alles bij: achtergrondzangeressen die
'Oeoeh' en 'Aaah' zingen, iemand die percussie speelt,
orgel, piano, triangel of trompet. Oefenruimte zoeken, en
spelen maar.
Zo zijn The Beatles, Madonna en Kane ook ooit
begonnen.

Hiphop maak je anders. Daar komt geen gitaar of drum
aan te pas. Toen hiphop zo'n twintig jaar geleden werd
uitgevonden, hadden de hiphoppers genoeg aan een
pick-up en een paar grammofoonplaten. De diskjockey
kraste met de naald over de platen heen en weer. Dat
scratchen gaf een ritmisch effect.
Later ontdekten hiphoppers de sample. Een sample is een
hapje muziek dat je uit het werk van iemand anders pikt.
Dat hapje – een paar woorden zang of een stukje gitaar –
bewerk je met speciale apparaten. Je kunt er van alles
mee doen: achterstevoren afspelen, drie keer achter elkaar
zetten, of een paar tonen hoger maken.
Een tijdlang gebruikten de hiphoppers veel samples. Ze
pikten stukjes uit liedjes van beroemdheden als James
Brown, Queen, Madonna, The Police, Bee Gees. Je kunt

bijna geen popster bedenken die niet gesampled is.
Maar die beroemde mensen wilden geld hebben voor die
snippers uit hun muziek. Dat werd de rappers te duur, dus
nu doen ze het minder opvallend.

Tegenwoordig worden veel popliedjes gemaakt met
computers. Computers kunnen instrumenten nadoen,
zodat ze klinken als een viool of een drum. Maar ze
kunnen ook geluiden maken die je nog nooit ergens
gehoord hebt. Muziek uit computers noemen we
elektronische muziek. Je kunt zulke muziek makkelijk in
je eentje maken. Je hebt er niet eens een oefenruimte
voor nodig, want al die elektronische kastjes passen zo in
je slaapkamer. Je hebt ook muzikanten die muziek
maken op een laptop, tijdens optredens zitten ze achter
een tafel met alleen een laptop erop. Het ziet eruit alsof
ze op kantoor aan het werk zijn. Toch kun je op hun
muziek vaak dansen.

De cd-winkel van Solex

Liesbeth Esselink heeft een tweedehands cd-winkel in
Amsterdam. Ze is ook popmuzikant. Dan heet ze Solex.
Als je de kokosmat voor haar winkeldeur wegtrekt, het
luik opendoet en het trappetje afgaat, kom je in de
ruimte waar zij liedjes maakt. Liesbeth zingt wel, maar

bespeelt geen instrumenten. De liedjes van Solex zijn opgebouwd uit samples.

Die samples komen van de tweedehands cd's in haar winkel. Ze luistert alle cd's af, op zoek naar een paar losse tonen van een instrument. Van zo'n toon maakt ze een sample en al die samples bij elkaar worden een nummer.

Zo bestaat de muziek van Solex helemaal uit het werk van anderen. Het is een soort recyclen, alsof je een huis bouwt van stenen en planken die je gevonden hebt. Daarna verf je het bouwwerk netjes op zodat niemand meer weet hoe de stenen en planken er eerst uitzagen.

Liesbeth zou de klanken natuurlijk zelf op een instrument kunnen spelen, maar voor haar is het een sport om alles van cd's te halen. Ze past wel op dat haar samples onherkenbaar zijn, want ze wil niet veel geld betalen aan andere muzikanten. 'Waarom zou ik moeten betalen?' zegt ze. 'Het is meestal maar één toon die ik van iemand gebruik. Ik neem nooit een hele melodie.' Ze is wel eens bang dat ze gepakt wordt. 'Daarom sample ik niet van beroemdheden als Jimi Hendrix of James Brown, maar juist van onbekende muzikanten. Dan is de pakkans kleiner. En ik bewerk de samples net zolang tot zelfs degene die de muziek bedacht heeft ze niet meer herkent.'

Een keer trad Liesbeth als Solex op in Seattle, Amerika. In het publiek zat toevallig een Amerikaanse zangeres van wie ze iets had gesampled. De zangeres zei na afloop tegen haar: 'Ik ben een grote fan van je. Ik heb al je cd's!' Liesbeth dacht bij zichzelf: 'Je moest eens weten. Je staat er zelf op!'

Maar ze hield haar mond.

Hoe maak je een liedje?

Als je aan een popmuzikant vraagt hoe je een liedje
maakt, krijg je nooit duidelijk antwoord. 'Gewoon,' zegt
hij dan. 'Ik pak mijn gitaar en begin te spelen. Zo
ontstaat de melodie. Later bedenk ik er een paar
woorden bij. Dat is het.'
Tja, daar heb je niet veel aan. Liedjes schrijven is
blijkbaar iets anders dan een appeltaart bakken. Voor
liedjes schrijven bestaat geen recept. Sommige mensen
kunnen het, anderen niet.
Vaak werkt de ene popmuzikant samen met een andere.
Zo schreef John Lennon met Paul McCartney (The
Beatles), Keith Richards met Mick Jagger (The Rolling
Stones), en Bono Vox met The Edge (U2). Dan maakt de
een de woorden en de ander de melodie. Of de een het
couplet en de ander het refrein.
Het bijzondere aan deze stellen is dat ze met zijn tweeën
beter zijn dan in hun eentje. Als Mick Jagger een solo-cd
maakt, zijn de liedjes minder geslaagd dan de liedjes die
hij samen met Keith schrijft. Ook de liedjes van The
Beatles zijn mooier dan die van John of Paul alleen. Ze
brachten blijkbaar het beste in elkaar naar boven.
Er gaan allerlei verhalen over *Let It Be* (1970) de laatste
plaat die The Beatles samen maakten. De vier bandleden
hadden overal ruzie over: over geld, muziek, vrouwen.
Toch wilden ze nog één plaat opnemen. En dat lukte,
zelfs toen ze boos op elkaar waren. Als John en Paul
samen liedjes gingen schrijven, vergaten ze al het andere.

Hoe klinkt de muziek?

Bij popmuziek is het belangrijk hoe de muziek klinkt. Is
er een echo? Klinkt het glad of hol?
Hoe iets klinkt hangt af van de situatie bij het opnemen.
Hoe is de akoestiek? Op wat voor versterkers wordt er
gespeeld? Popmuzikanten zijn daar heel precies in. Ze
zoeken altijd naar de juiste plek om iets op te nemen.
Dat kan in de studio zijn, maar ook in een kast, of in de
badkamer. Brian Wilson, de zanger van de beroemde
band The Beach Boys, liet ooit een zwembad
leegpompen. Hij hoopte de juiste akoestiek op de bodem
te vinden.
Rockster Lenny Kravitz wil graag klinken als The
Beatles en daarom speelt hij altijd op versterkers uit de
jaren zestig. Kravitz heeft ook jarenlang gezocht naar een
oude mengtafel uit de begindagen van de popmuziek.
Toen waren de mengtafels nog analoog (nu zijn ze
digitaal). Die hadden een warmere klank, vond hij.
Het is meestal de producer die uiteindelijk in de studio
bepaalt hoe de muziek gaat klinken. Hij zorgt ervoor dat
er veel of weinig echo is, of het warm of koeltjes klinkt.
Er zijn een paar heel beroemde producers geweest, zoals
George Martin, die voor The Beatles een heel orkest naar
de studio haalde. En Phil Spector, die de 'Wall of Sound'
(Muur van geluid) bedacht. Hij stopte de muziek van het
soul-echtpaar Ike & Tina Turner helemaal vol met

strijkers en koorzang tot het klonk als, inderdaad, een muur van geluid.

Tegenwoordig gebruiken veel muzikanten Pro Tools, dat is software voor op de computer. Met Pro Tools kun je de muziek digitaal bewerken en mixen zodat je niet naar een dure studio hoeft te gaan. Zo wordt de popmuzikant steeds zelfstandiger.

De galm van U2

Aan sommige muziek kun je horen dat er lang aan gewerkt is: echo hier, viool daar. Andere artiesten doen juist zo natuurlijk mogelijk. Zo heeft de zanger Bruce Springsteen platen gemaakt die klinken alsof hij thuis naast je op zijn gitaar zit te tokkelen.

De muzikanten van U2 hebben altijd gekozen voor een weelderig geluid. U2 komt uit Ierland. Al sinds hun eerste lp, zo'n vijfentwintig jaar geleden, gebruiken ze speciale effecten. Luister maar eens naar de gitaar van The Edge. Die ene gitaar vermenigvuldigt zich steeds: meer en meer gitaar vult je oor, totdat je omspoeld lijkt door gitaarklanken. Dat komt door een subtiel soort echo, die je ook hoort in de zang van Bono Vox.

In de loop van vijfentwintig jaar heeft U2 allerlei soorten muziek gemaakt. Ze werden beroemd met hun passievolle rock. Kort daarna schakelden ze over op blues en later experimenteerden ze met computers en

houseachtige ritmes. Altijd hadden ze succes dankzij dat
ene herkenbare: de U2-galm.
En natuurlijk ook doordat Bono Vox een bijzondere man
is. Het is al knap dat iemand steeds weer goede nummers
bedenkt, maar Bono vindt ook nog tijd om de wereld een
beetje te verbeteren. Hij zet zich in voor Afrika, waar veel
mensen arm en ziek zijn. Bono wil dat rijke landen in
West-Europa en Amerika meer geld geven aan Afrika. Hij
reist vaak naar Afrika met Amerikaanse politici, om te
laten zien hoe moeilijk de mensen het daar hebben.
Bono is zo iemand van wie je je afvraagt of hij ooit
slaapt. Of hij is op tournee, of hij is op politieke reis, of hij
is in de studio, en dan heeft hij ook nog een stuk of vier
kinderen met wie hij af en toe wil spelen.

Hoe ziet popmuziek eruit?

Popmuziek moet er goed uitzien: mooi hoesje erom, leuke
clip erbij. Vroeger, toen er nog lp's bestonden, waren er veel
bijzondere hoezen. Bijvoorbeeld *Sticky Fingers* (1971) van
The Rolling Stones. Die plaat zat in een hoes met daarop
een plaatje van een spijkerbroek. Die spijkerbroek had een
gulp en in die gulp zat een echte rits. Zo kon je tijdens het
luisteren naar *Sticky Fingers* lekker met de rits spelen. Met
die kleine cd-hoesjes van tegenwoordig lukt zoiets niet.
Daarom doen popmuziekanten nu hun best om opvallende

videoclips te maken. Levensgrote dinosaurussen, exploderende steden, bouwwerken van lego, twintig meisjes in een bubbelbad: alles kan in een videoclip. Al die moeite voor een filmpje van drie minuten! Maar zonder clip word je niet gedraaid op MTV, TMF of The Box.

De hitfabriek van Idols

Ook *Idols* draait om verpakking. Iedereen die aan deze talentenjacht meedoet, wordt verpakt tot een idool. Denk maar aan Maud: van een keurig meisje in het begin, veranderde ze tijdens de wedstrijd in een stoere meid met leren broeken en wild haar. Dat had ze niet zelf bedacht, ze was aangekleed door stylistes en had zich laten opmaken door kappers en visagisten.
Eigenlijk is *Idols* een hitfabriek waar jongens en meisjes worden omgevormd tot de Ideale Popster. Het doet denken aan de manier waarop manager Simon Fuller ooit The Spice Girls had opgericht. Hij hield audities en zocht een paar knappe meisjes bij elkaar die redelijk konden zingen. Daarna werd alles voor ze geregeld. Ze kregen kleren, kapsels, liedjes om te zingen en dansjes om uit te voeren. En ze hadden succes.
Niet toevallig was het ook deze Simon Fuller die de

formule van *Idols* heeft bedacht. Maar het idee is niet helemaal nieuw. Al in de jaren zestig had je in Amerika de Hitfactory (hitfabriek) van Berry Gordy. Deze Berry Gordy woonde in Detroit waar toen veel autofabrieken waren. Hij begon een platenmaatschappij die leek op zo'n fabriek. Alles gebeurde er in één gebouw: er was een studio, een naaister die de kleren maakte, een kapper, een dansleraar en iemand die leerde hoe een popster zich moest gedragen. De platenmaatschappij, Motown, werd een groot succes. Haar sterren, zoals Diana Ross & The Supremes, The Jackson 5 (met Michael Jackson) en The Temptations konden allemaal geweldig dansen en ze zagen er piekfijn uit.

Toevallig is Idols-winnaar Boris, bekend van zijn kreet 'Keep the Soul alive' (Houd Soul in leven), een grote fan van Motown-zanger Marvin Gaye.

Is popmuziek een kwestie van recyclen?

Kunstenaars lenen graag uit het verleden. Schilders laten zich nog altijd inspireren door Rembrandt of Vermeer. Toneelspelers spelen nog steeds Shakespeare, of tragedies van de Oude Grieken.

Zo ver kunnen popmuzikanten niet teruggegaan, want popmuziek is nog maar zo'n vijftig jaar oud.

Als iemand een liedje van een ander speelt – een cover – is de kans groot dat je de vorige versie, of het origineel ook kent. Zo werd het liedje 'With A Little Help From My Friends' in de jaren zestig gezongen door degenen die het bedacht hadden, The Beatles. In de jaren zeventig werd het bekend door een schorre Engelsman, Joe Cocker. En nu, aan het begin van de 21ste eeuw, wordt het weer gezongen, door Sam & Mark.

Vroeger hadden veel mensen last van de generatiekloof. Dat betekent dat ouders en kinderen over alles ruzie kregen. Bijvoorbeeld over kleren, maar ook over muziek. Ouders zeiden dan tegen hun kinderen: 'Naar wat voor herrie luister je nu weer?'

Tegenwoordig zeggen veel ouders: 'Hé, dat nummer ken ik van vroeger.'

Als jij bijvoorbeeld luistert naar Di-Rect, dan herkennen ze het liedje 'The Life I Live' van toen zij jong waren. Want dat is in de jaren zestig geschreven en gezongen door Q65, een van de eerste Nederlandse rockbands.

Is het leuk om een popster te zijn?

Veel mensen willen graag popster worden. Overal staan
dan fans voor je te juichen, je hebt veel geld en iedereen
is altijd aardig. Misschien is het ook wel leuk om iedere
dag drie postzakken vol brieven van fans te krijgen.
Maar hoe ziet het leven van de popster er echt uit?
Als popster kun je niet de hele dag op een stretcher naast
je zwembad liggen. Wie popster is, wil popster blijven.
En dat betekent hard werken.
Je moet cd's maken, bijvoorbeeld. En als je daarmee
klaar bent, moeten de mensen weten dat je een cd hebt
gemaakt. Daarvoor ga je op een promotietournee. Je
maakt een reis rond de wereld en geeft overal interviews
aan tv, tijdschriften en kranten, wel tien per dag.
De journalisten stellen steeds dezelfde vragen. Van
simpele, zoals 'Wat is je lievelingskleur?', tot heel
ingewikkelde, zoals 'Wat heeft de dood van je moeder
op je negentiende precies te maken met de tekst van het
derde nummer van je laatste cd?'
En hup, daar ga je weer. Op naar een volgend land. In
de taxi naar het hotel, slapen, ontbijten, interviews,
poseren voor de fotograaf, in de make-up voor een
gesprek op tv. Jetlag of niet, het gaat de hele dag door.
En de volgende dag, en de dag erna. Tot de hele wereld
aan de beurt is geweest.

Daarna ben je even thuis om te oefenen voor je
wereldtournee. Je geeft veertig concerten in twee
maanden, verspreid over vijftien landen. In Noord-
Amerika, West-Europa, Australië, Oost-Azië. Meestal doe
je maar één optreden per land. Dus ook nu moet je elke
paar dagen reizen.

Andere mensen zetten overdag je apparatuur op het
podium. Zelf ga je naar de sportschool om in conditie te
blijven. Je krijgt wat te eten en dan ga je naar het
voetbalstadion of de sporthal waar je zult optreden. Daar
moet je nog een paar uur wachten in de kleedkamer, in
een betonnen kelder met tl-licht, voor je begint.

Het optreden zelf duurt ongeveer twee uur. Die twee uur
maken veel goed. Er wordt gejuicht als je ondersteboven
hangend aan je voeten vanaf het plafond naar beneden
komt. Iedereen zingt je liedjes mee. Een paar fans vallen
flauw door het gedrang. Meisjes in het publiek gooien
rozen op het podium.

Na afloop komen allerlei mensen je opzoeken in de
kleedkamer. Ze feliciteren je en zeggen dat je geweldig
bent. Daarna gaan ze weg en blijf jij achter.

En dan?

Over dat moment heeft Gene Pitney, een zanger uit de
jaren zestig, een mooi liedje geschreven. Het heet
'Backstage I'm Lonely' (In de kleedkamer ben ik
eenzaam). Het gaat over het gevoel dat je na een
optreden kunt hebben. Even leek het alsof al die
duizenden mensen in de zaal van je hielden. Maar
eigenlijk ken jij ze niet en zij kennen jou niet. Zij gaan
na het optreden gewoon naar huis. En jij zit daar alleen.
Ver weg van huis. Ver van de mensen die echt van je
houden.

Dit gevoel zullen Robbie Williams, Madonna, Justin Timberlake, Britney Spears en Beyoncé allemaal wel kennen.

Voordelen

Muziek
Popmuzikant word je omdat je van muziek houdt. De popster is blij dat hij zich de hele dag met muziek kan bezighouden, in plaats van pizza's rond te brengen. Als je dan ook nog heel beroemd wordt, gebeurt er van alles wat je niet had verwacht. Je wordt overal herkend en gefotografeerd. Maar het gaat eigenlijk om de muziek. Daarom bouwen veel popsterren een studio in hun huis. Dan kunnen ze daar rustig de hele dag werken.

Meisjes
Veel mannelijke popsterren zijn ooit popmuzikant geworden om indruk te maken op meisjes. Ze zeggen daarover: 'Ik kon niet voetballen, dus ging ik gitaar spelen. Daar houden meisjes ook van.' En dat is waar. Meisjes zijn dol op popmuzikanten. Ze staan uren voor een hotel te wachten om een handtekening te vragen.

Geld
Popster worden is net zoiets als de loterij winnen. Je bent van de ene op de andere dag buitenaards rijk. Zo had

Kurt Cobain van Nirvana eerst niet eens een huis. Hij woonde in zijn auto. Toen kreeg hij plotseling een hit met 'Smells Like Teen Spirit'. Een vriend zei tegen hem: 'Je staat op nummer één, je bent de hele dag op MTV. Je zult nu toch wel geld hebben?' Maar Kurt ging die avond gewoon weer in zijn auto slapen. Hij wist niet wat hij met al dat geld moest.

In *Cribs*, een tv-programma van MTV, zijn de huizen te zien van beroemde rappers (*crib* betekent huis). Die huizen lijken op paleizen: badkamers zo groot als garages en garages zo groot als basketbalvelden. De kranen zijn van goud en de ijskasten zo breed dat er twee koeien in passen.

Sommige rijke popsterren, zoals Keith Richards van The Rolling Stones, zien eruit als zwervers. Rappers pronken graag met hun geld. Ze dragen gouden kettingen met fonkelende hangers en laten soms diamanten in hun tanden zetten.

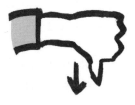

Nadelen

Het is vast wel leuk om veel geld te hebben. Maar hoe zou het zijn als je nooit meer rustig over straat kunt? Beroemde popsterren als Madonna of Beyoncé moeten speciale afspraken maken om te kunnen winkelen: zij komen na sluitingstijd zodat ze niet worden gestoord door mensen die een handtekening vragen of steeds roepen: 'Kijk, daar heb je Beyoncé!'

Als je beroemd bent moet je oppassen voor fotografen. De paparazzi, fotografen van de roddelbladen, kunnen duizenden euro's verdienen met een foto van een beroemdheid met zijn of haar nieuwe liefde. Ze liggen achter auto's of in de bosjes te wachten om een foto te kunnen maken. Dat vinden de popsterren vaak vervelend. Zelfs een goedmoedig type als Chris Martin van Coldplay heeft wel eens een fotograaf die foto's maakte van Chris op een surfplank in Australië, op zijn neus geslagen.

Roem heeft soms een vreemd effect op de popster. Die gaat zich dan gedragen als een verwende prins of prinses: Robbie Williams die midden in een zakengesprek een portie sushi eist; de zanger van Van Halen die uitsluitend blauwe M&M's in zijn kleedkamer wilde hebben. Michael Jackson werd een beetje kinderlijk. Hij woont op een groot landgoed in Amerika, met een eigen dierentuin en een eigen pretpark. Daar nodigt hij veel jonge kinderen uit met wie hij in de draaimolen gaat zitten en Peter Pan speelt. Behalve dat dat wel een beetje kinderachtig is voor een man van tegen de vijftig, heeft Michael er ook problemen mee gekregen. Hij moest al een paar keer voor de rechter komen omdat allerlei mensen denken dat hij een kinderlokker is, in plaats van een kindervriend.

Popster zijn is niet zo gezond, is de afgelopen vijftig jaar gebleken. Veel popsterren zijn jong gestorven. Dat kan

komen door vliegtuigongelukken, zoals het geval was met Otis Redding (26), Patsy Cline (30), Richie Valens (17), Buddy Holly (22) en Aaliyah (22).
Andere popsterren stierven doordat ze te veel drank of drugs namen. Jimi Hendrix (27) overleed aan een overdosis drugs. Jim Morrison (27) van The Doors kreeg een hartstilstand in bad, door te veel drank. Brian Jones (27) van The Rolling Stones verdronk in zijn eigen zwembad nadat hij te veel drugs had gebruikt. Elvis Presley (42) overleed op de wc aan een hartstilstand door te veel drank, drugs en eten.

Ex-Beatle John Lennon (40) werd doodgeschoten voor zijn huis in New York. Door een fan nota bene. Deze Mark Chapman had 's middags een handtekening van John Lennon gekregen, 's avonds schoot hij hem dood. Chapman was geestelijk in de war. Hij zit nog steeds in de gevangenis.

Kurt Cobain heeft zichzelf doodgeschoten. Zijn moeder maakte zich al een tijdje zorgen om Kurt. Hij was somber en verslaafd aan drugs. Ze had een voorgevoel dat hij zelfmoord zou plegen. Daarom zei ze een keer tegen hem: 'Je bent toch niet van plan om naar de club van stomkoppen te gaan, hè?' Met de 'club van stomkoppen' bedoelde ze al die andere jong gestorven popsterren, zoals Jimi Hendrix, Janis Joplin, Jim Morrison. Zij waren allemaal 27 toen ze doodgingen. Kurt Cobain ook.

De popster en het goede doel

Behalve over hun eigen carrière maken popmuzikanten
zich ook wel eens zorgen over de toestand van de wereld.
Over aids in Afrika, over de armoede in
derdewereldlanden, over het milieu, dierenleed, en oorlog.
Daarom organiseren ze popconcerten tegen racisme en
voor het regenwoud.
Want als je beroemd bent, luisteren mensen beter naar je.
Popsterren weten dat. Bono van U2 zegt tegen politici
dat ze de armoede in Afrika moeten oplossen. Chrissie
Hynde (van The Pretenders) en Moby willen dat mensen
geen bont meer dragen. Alicia Keys gaat naar Afrika om
mensen voor te lichten over aids. Radiohead en Coldplay
demonstreren tegen de oorlog.
De leden van het Nederlandse Krezip proberen iets te
doen aan honger in derdewereldlanden, en Opgezwolle
uit Zwolle ging naar Indonesië om te rappen over arme
kinderen daar.
We hebben gezien dat popmuzikanten veel aan hun
hoofd hebben. Ze moeten danspassen leren, liedjes
schrijven, handtekeningen uitdelen en rond de aarde
vliegen.
Maar ook de popster droomt van een betere wereld.

Woord van dank

Met dank aan Isa, Romy, Matthieu van Diepen,
Neele Carvalho, Cleo Campert en Pieter Steinz voor hun
steun en commentaar.

Persoonsnamenregister

Zakenregister

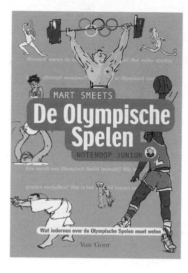

vanaf 9 jaar

ISBN **90 00 03587 2**

NUR **229**

Mart Smeets

De Olympische Spelen – Notendop junior

Wist je dat de eerste deelnemers van de Olympische Spelen in hun blootje meededen? En dat ze de oorlog even stillegden om mee te kunnen sporten? En dat zelfs keizer Nero mee heeft gedaan aan de Olympische Spelen? En dat hij ondanks het feit dat zijn wagentje bij het paardenrennen omviel, toch won omdat niemand hem tegen durfde te spreken?

Dit soort humoristische verhalen wisselt Mart Smeets in deze Notendop junior af met allerlei informatie en feiten: wanneer een sport Olympisch is of wie de meeste medailles won. Niet alleen de geschiedenis van de Olympische Spelen komt aan bod, maar ook het heden. Dit zorgt ervoor dat het boek een naslagwerk is dat ook na de Spelen thuishoort in iedere boekenkast.